第 1 章

「自分」を上手に表現しよう

1

「自分」を伝えるってどういうこと？

一人ひとりに対して伝えたいことを表現する

人間関係は、必ずコミュニケーションの伝え手と受け手で成り立っています。

一対一ではない一対多数といった場面もありますが、そこでも伝える相手はそこにいる一人ひとりであって、人間関係やコミュニケーションの厳密な単位は「自分」と「相手」です。

相手に「刺激」を与える

今、私（著者）は伝える人であり、この本を読んでいるあなたは相手です。私は文字と言葉とその配列によって伝えたいことを表現しています。

もし私とあなたが対面できれば、そのほかに身ぶりや表情、声や言葉の調子などが加わります。

心理学ではそれらの道具すべてをまとめて「刺激」といいます。その刺激は、あなたの目や耳、皮膚などを通して伝わり、脳にインプットされます。あなたの脳のなかでは、感情、思考などのさまざまな働きが起こり、刺激が受けとられ、理解されていきます。

もちろん、その間に、私からの刺激以外のものもたくさん伝わっているに違いありません。

たとえば、文字の大きさとか、紙の白さ、本の大きさ、部屋の温度、あなたの座っているところの座り心地、肩のこり、周囲の音などさまざまな刺激があなたの脳で受けとられているでしょう。

相手に「作用」を起こす

もし、私の文章や話が今のあなたの関心事であるならば、それがあなたへの主たる刺激になって理解されていくでしょう。

自分を伝えることは、このような作用を相手に起こしていることなのです。

図解

自分の気持ちをきちんと〈伝える〉技術

人間関係がラクになる自己カウンセリングのすすめ

平木典子

PHP

はじめに

誰もが、気持ちのよいコミュニケーションをし、よりよい人間関係をもちたいと望んでいます。

人は言葉を使えるようになるはるか前から、自分の気持ちや考えをわかってもらいたいと切望して生きています。一方、成長のプロセスで、多くの人は、いつの間にか自己表現を控えたり、しすぎたりして、自己表現に躓《つまず》いていることもたしかです。

自己表現には、三つの段階があります。

一つは、自分の思いや気持ちをありのまま受けとめてみることです。まずは、外界の状況に惑わされず自分を素直に受けとめ、さまざまな懸念もしばし横において、自分を確かめることです。それができたら、次に、その思いを自分の知っている表現方法でどう伝えるかを工夫し、表現してみようとすることです。最適の方法が見つかるとは限りませんが、自分の気持ちや思いをできるだけ正直に言葉にしてみましょう。そして最後に、その影響や効果を考えて、表現を変えたり、相手をフォローしたりする用意をするのです。

多くの場合、そのような自己表現の結果、相手に理解されることもあれば、理解されないこともあります。私たちの自己表現の背景となる経験や知識は、お互いに違っていますので、わかりやすいこともあれば、わかりにくいこともあり、誰もがすぐ意味を共有することはできないからです。理解できないことは自分のせいでも、相手のせいでもなく、それは当たり前のことなのです。だから、自分を素直に表現して、相手にも耳を傾け理解しようとすることが大切なのです。

その結果、似ているところや違いはあっても相互理解が進み、自分や相手のありのままの姿を見せ合うことにオープンになり、お互いに信頼し合った関係ができていくでしょう。

本書のテーマ「アサーション」は、違いを認め、気持ちのよいコミュニケーションを交わすための考え方とスキルです。

アサーションを知ることで、率直なコミュニケーションがそれほど難しいことではなく、また、自己表現に躊躇《ちゅうちょ》したり、誤解されることに恐れを抱いたりせず、自分をきちんと伝え、相手も大切にすることができるようになるでしょう。

本書は、装画の中村久美さんをはじめ多くの方々の協力と支援によって魅力ある本に完成しました。皆さんの協働に感謝し、ぜひその成果を皆さんにお伝えしたいと思います。

二〇〇七年五月

平木　典子

※本書の第1章および第3章の6は『自己カウンセリングとアサーションのすすめ』（二〇〇〇年、金子書房刊）を、ほかは『アサーション・トレーニング』（一九九三年、日本・精神技術研究所刊）を基に編集し、図解を施したものです。

もくじ

相手に「刺激」を伝える

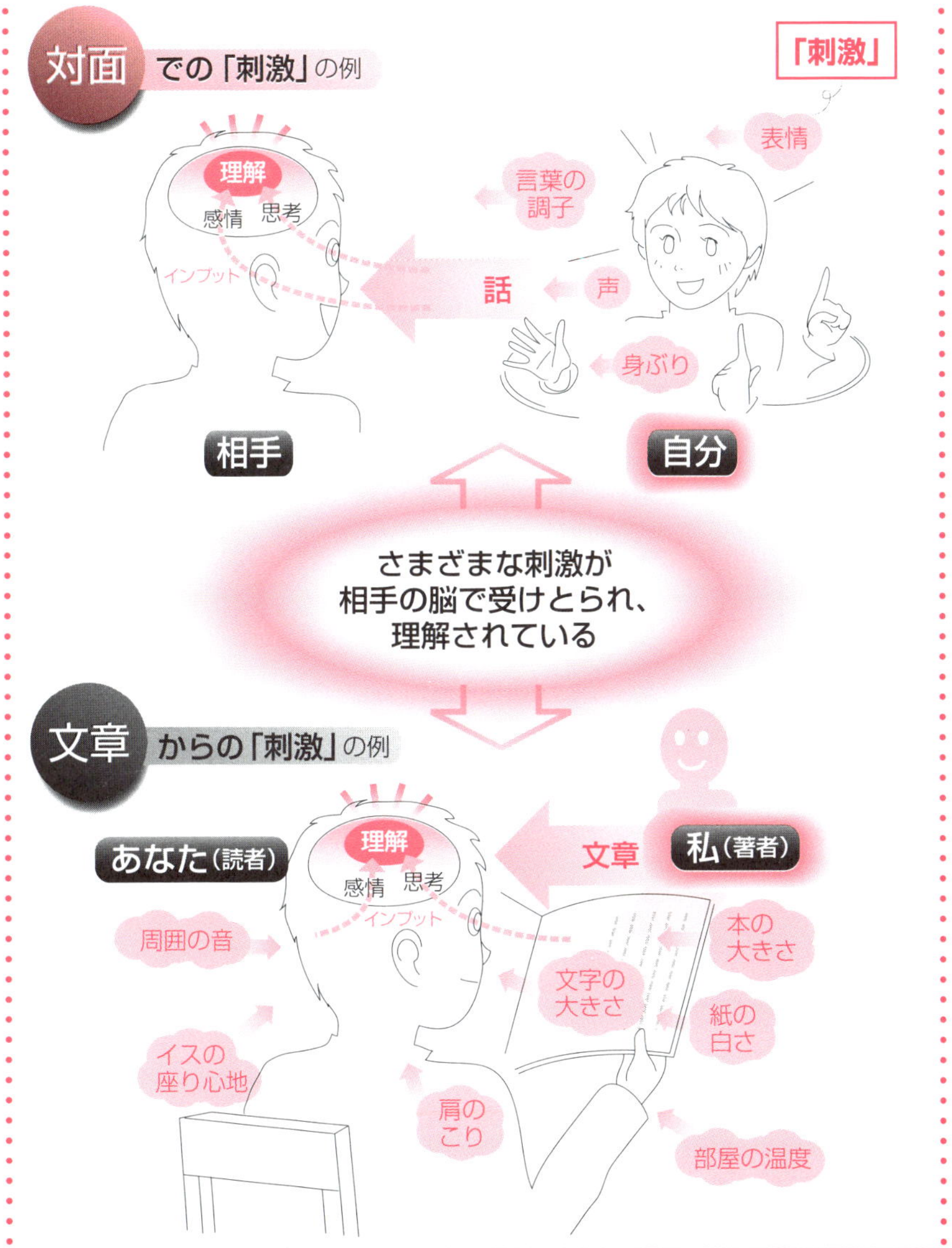
対面での「刺激」の例
「刺激」
表情
言葉の調子
声
話
身ぶり
理解
感情
思考
インプット
相手
自分
さまざまな刺激が
相手の脳で受けとられ、
理解されている
文章からの「刺激」の例
あなた（読者）
私（著者）
文章
理解
感情
思考
インプット
周囲の音
本の大きさ
文字の大きさ
紙の白さ
イスの座り心地
肩のこり
部屋の温度

ポイント　人間関係は、必ずコミュニケーションの伝え手と受け手で成り立っている。

2 伝えたことは相手の受けとり方で変わる

●言いたかったことと一致することは少ない

自分の伝えたいことが相手に正確に伝わるという保証はありません。

一つの答えになることはない

たとえば今、私が悲しそうな顔をして、がっかりした声で、「今朝、コップを割ってしまったんですよ」と言ったとします。まず皆さんのなかには、ガラスのコップをイメージした人とコーヒーカップをイメージした人がいると思われます。

そのコップの形や大きさや色（模様）についてはイメージできていないかもしれませんし、人によってそのイメージは多様でしょう。

私の言い方によって「よほど大切なコップだったのだろう」とか「けがはなかったか」など気持ちや動作、結果の影響を想像する人もいるかもしれません。また、「朝ごはんを食べているときだったのか」「洗っているときだったのか」などと状況を想像する人もいるかもしれません。

つまり、私の言ったことは多様なイメージや状況を想起させ、さまざまな感情を起こし、相手のそのときの状態も加わって把握されるわけで、私の言いたかったことと一致することは少ないでしょうし、ましてや一つの答えになることはないでしょう。それは当たり前のことです。

一つの刺激が多くのことを想像させる

この例は、一つの刺激が、人に多くのことを想像させることを示しています。また、理解とは、ピントの合わないところから、徐々に焦点を合わせていくようなものであり、わかったと思ったことでもさらに想像を働かせたり、確かめたりする必要があることも示しています。

伝えたいことはどう伝わるか

思い出のコップ
想像
イコール
思い出のコップ
体験
それは残念だったね・・・
「今朝、コップを割ってしまったんですよ・・・」
刺激
こういうことはめったにない
実際は・・・
ガラスのコップ?
コーヒーカップ?
朝ごはんの最中?
洗っているとき?
落ち込んでるけど
よほど大切なコップ?
いや、けんかして?
けがは・・・してないな・・・
いや、けがをしたのは彼氏か?
思い出のコップ
体験
それはそれは・・・
「今朝、コップを割ってしまったんですよ・・・」
刺激
そのときの状態

ポイント こちらの言ったことは、相手に多様なイメージや状況を想起させ、さまざまな感情を起こす。

3 誤解やズレは当たり前と考える

◉相手の心のなかで何が起こるかは、相手の自由

人間の会話では、それぞれの内面で起こっている作用がお互いに見えないので、自分を伝えるには、自分の気持ちや考えをなるべく正確にとらえて、正直に伝える努力をすることが必要です。

同時に、それぞれの枠組みによって刺激が受けとめられることを覚悟しておく必要があります。

このような人と人とのやりとりのプロセスを図で示すと左ページの上段のようになります。

人によって「準拠枠」が異なる

私たちの一人ひとりの理解の枠組み、言葉への意味づけは必ずしも同じではありません。その枠組みを「準拠枠」といいますが、準拠枠の違いは、同じ言葉を使っても、その言葉で個々人があらわそうとすること、意味すること、理解することが違うという結果をもたらします。

コミュニケーションをはかるときには、言葉は同じでも準拠枠が違う可能性があることを覚えていて、相手の心のなかで何が起こるかは、相手の自由であることを前提とすることが大切です。

簡単にはわかり合えないもの

別の言い方をすれば、コミュニケーションとは、準拠枠の違いを照合し合って、より正確な理解に導く限りない相互交流のプロセスなのです。

それは、かなり複雑で大変なプロセスですが、そんなものだとわかっていれば、簡単に「わかった」とか「わかってもらえなかった」となることもありません。

また、コミュニケーションを積極的に進める必要があるときと、それほどこだわらなくてもいいときとの区別もつけやすくなるでしょう。

簡単にわからないのは当然

●人と人とのやりとりのプロセス

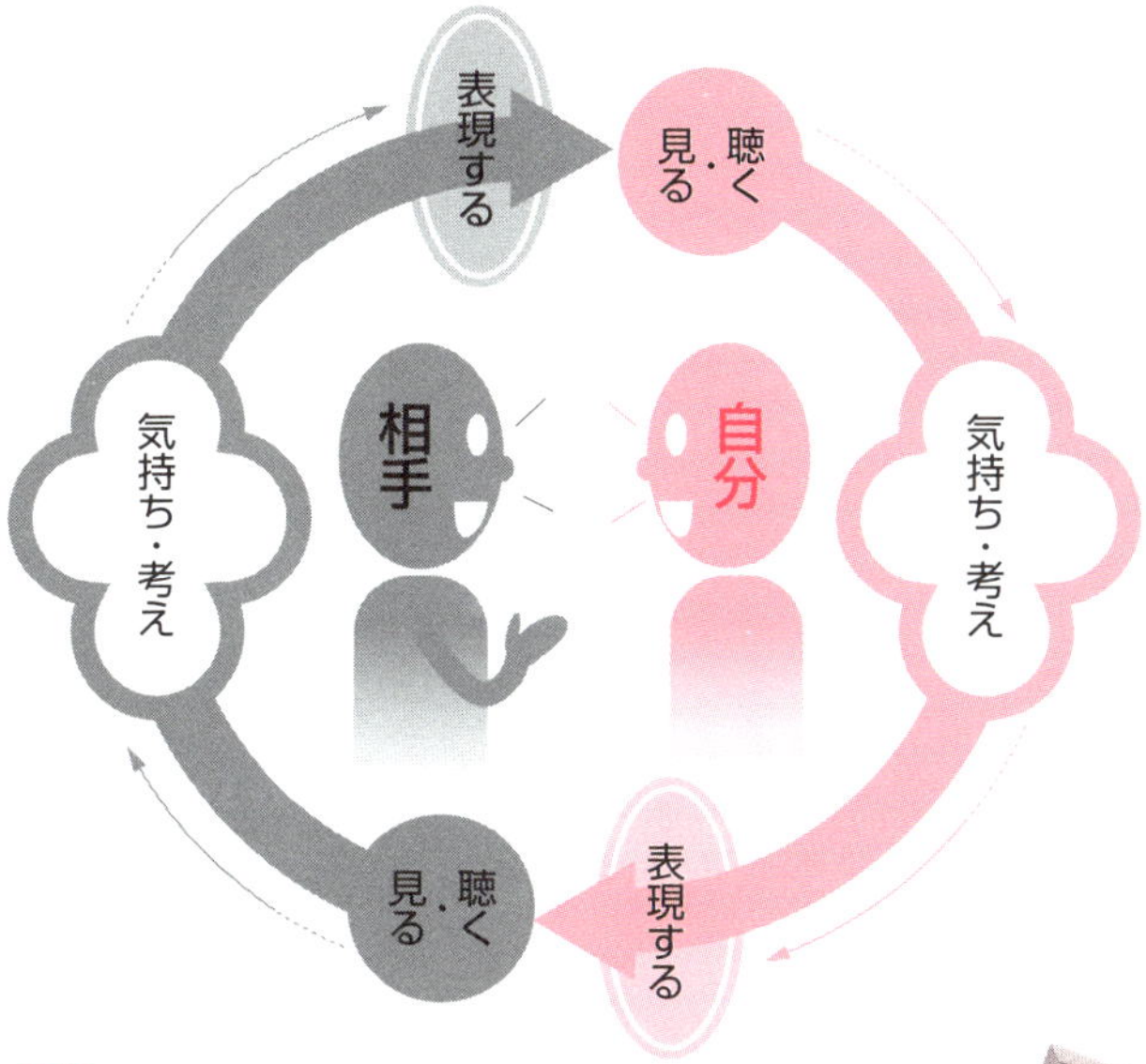
表現する
聴く・見る
気持ち・考え
相手
自分
気持ち・考え
表現する
聴く・見る

「準拠枠」　私たちの１人ひとりの理解の枠組み

言葉にはその人独自の意味づけがある

私は鳥が大好きで・・・

同じ言葉を使っても、その言葉で個々人があらわそうとすること、意味すること、理解することが違う

ポイント　**相手の心のなかで何が起こるかは、相手の自由であることを前提とする。**

4 すべてを伝えることはできない

◉必要なことを同時に全部表現することはできない

自己表現には、理解の枠組みの違いのほかに、もう一つやっかいなことがあります。それは、人は自分のなかで起こっていること、伝えたいことを決して全部は表現できないということです。

表現したいことが残ってしまう

たとえば、私は今、「自己表現に存在するやっかいなこと」について述べようとしていますが、私の頭や心のなかでは、今、ここに書こうとしていることのほかにもさまざまなことが起こっています。しかし、それらすべてを把握することもここに書くこともほとんど不可能です。

もちろん、そのなかには今伝える必要のないこともあるので、心のなかで必要なことと不必要なことの選択をしています。

それでも、表現する必要のあることを同時に全部出すことはできません。出す順番を考え、説明をどの程度詳しくするか、簡単にするかを選択しなければなりません。

さらに厳密に考えれば、何が不必要かもすぐに決めることはむずかしく、必要だと思ったことを表現し終わったあとでも、まだ表現したいことが残っていることに気づくこともあります。

ぴったりの言葉が見つからないことも

また、伝えたいことを表現する言葉を知らなかったり、すぐさまぴったりした言葉が見つからなかったり、言葉にできないほど込み入っている現象もあります。

そんなとき､人は表現することをあきらめたり、表現しそこなったりして、重要なことを伝えそこなってしまうかもしれません。

表現には限界がある

●「自己表現に存在するやっかいなこと」

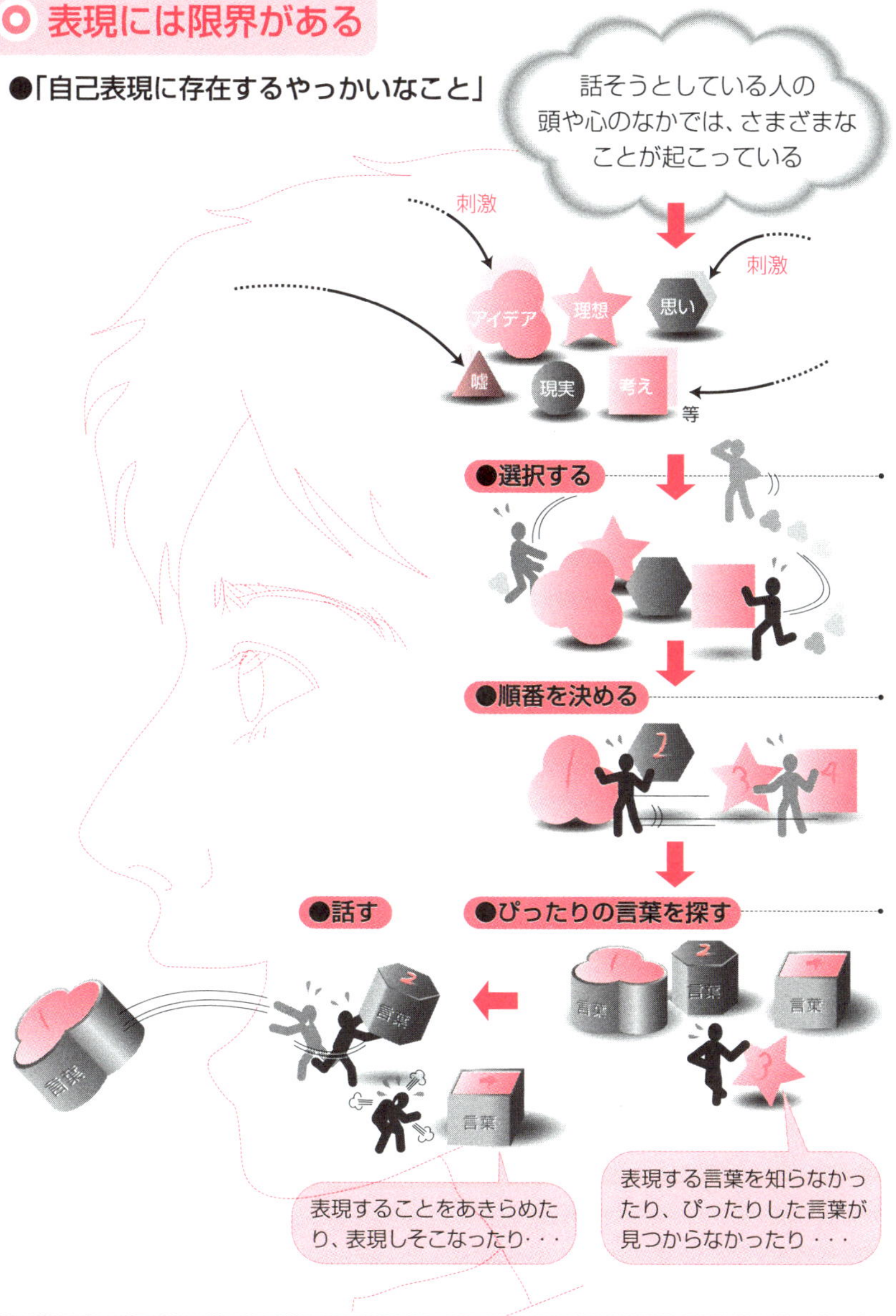

話そうとしている人の頭や心のなかでは、さまざまなことが起こっている
刺激
刺激
アイデア
理想
思い
嘘
現実
考え
等
●選択する
●順番を決める
●ぴったりの言葉を探す
●話す
言葉
表現することをあきらめたり、表現しそこなったり・・・
表現する言葉を知らなかったり、ぴったりした言葉が見つからなかったり・・・

ポイント　人は、自分のなかで起こっていること、伝えたいことを全部表現することはできない。

5

同じ言葉を使ってもすれ違うのはなぜ?

●皆、自分なりの見方や感じ方で世界をとらえている

人間は皆、自分なりのものの見方や感じ方で世界をとらえ、自分の言葉で表現して生きているわけですから、いわば客観的な世界に生きているわけではなく、自分の見ている世界に生きていることになります。

言葉に託した意味が異なる

前にも述べたように、人々は、その人の枠組みでしかものごとをとらえられないのであり、それが相手と同じである保証はないのです。

したがって、相手が自分と同じ言葉を使ったからといって、その言葉に託した意味づけが同じとは限りません。

たとえば、先ほどの例にあげた「今朝、コップを割ってしまったんですよ」という私の言葉に対して、あなたが「よほどあわてていたんでしょう」

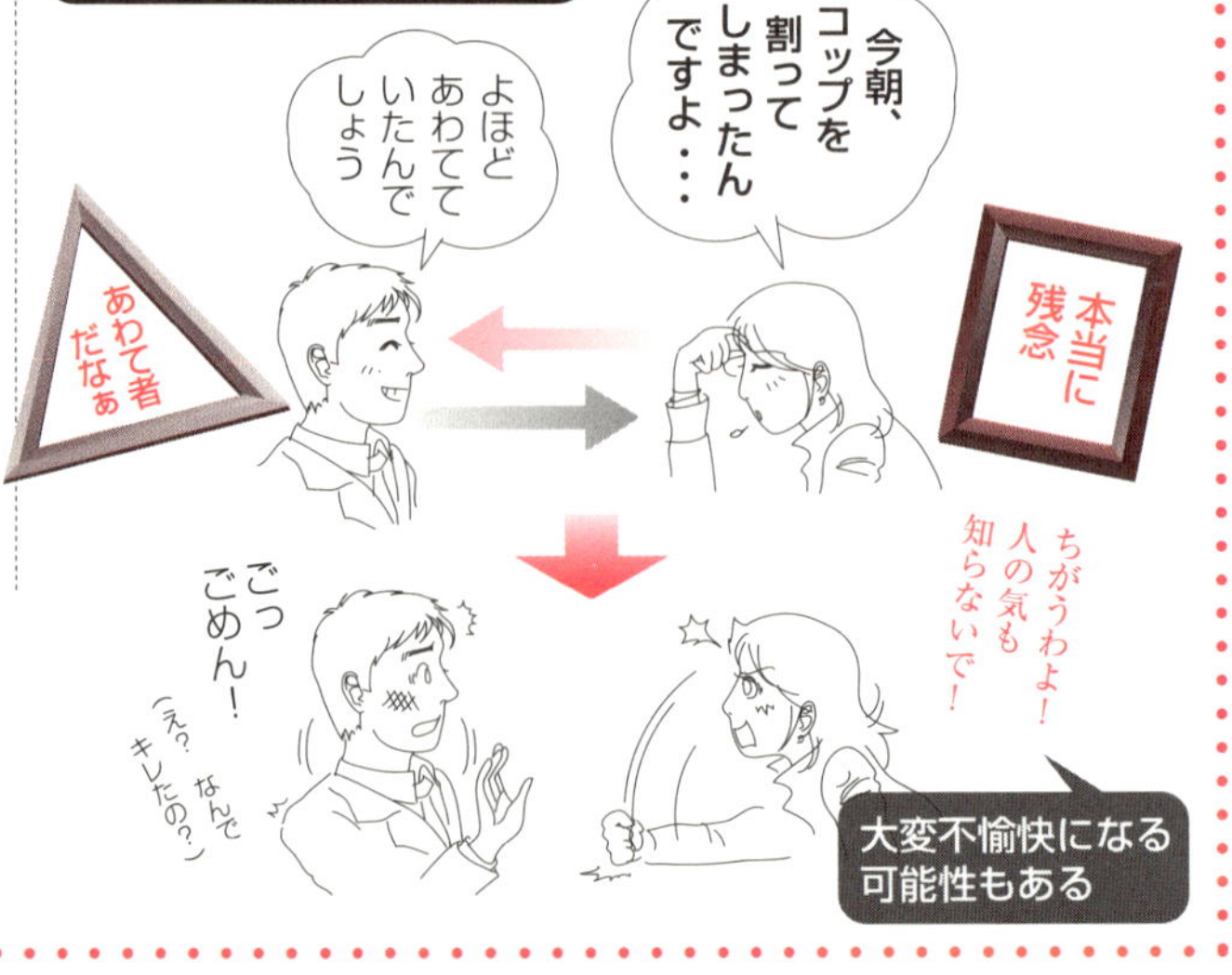
枠組みが違っている場合
今朝、コップを割ってしまったんですよ・・・
よほどあわてていたんでしょう
あわて者だなぁ
本当に残念
ごっごめん!
(えっ? なんでキレたの?)
ちがうわよ! 人の気も知らないで!
大変不愉快になる可能性もある

と言ったとします。

その反応を聞いて、私は大変不愉快になる可能性もあります。

なぜなら、私が伝えたかったことが、「ヨーロッパ旅行でお土産に買ってきたコーヒーカップを割ってしまい、とても残念な思い」であれば、あなたには、それとは異なる私のあわてている姿をイメージされたと思うからです。

たまたま理解の枠組みが違っていただけ

もし私が、「朝ごはんを急いで食べていて、あわてていたためにコップを割ってしまった」と言いたいのであれば、私は幸いにあなたにわかってもらえたことになります。

しかし、そうでないときがあるのも当たり前で、それはたまたま理解の枠組みが違っていただけにすぎません。

それぞれの枠組みが違う

枠組みが合っている場合
幸いにわかってもらえたことになる
今朝、コップを割ってしまったんですよ・・・
よほどあわてていたんでしょう
あわて者
あわて者
そうなの。よくやるんです・・・

ポイント　**相手が自分と同じ言葉を使っても、その言葉に託した意味づけが同じとは限らない。**

6 相手を理解するってどういうこと?

耳や目だけでなく心も使って理解する

コミュニケーションのなかで、自分を正確に伝えようとする努力のほかに、もう一つ大切なことは、相手が言っていることを相手の思いに即して理解しようと努力することです。

自己表現はできるだけ正確に、そして他者理解もできるだけ相手の準拠枠にそってやろうと努力することが必要なのです。

相手の準拠枠にそって理解する

相手の伝えようとすることを相手にそって理解するには、「相手に聴く」ことが大切です。「相手に聴く」とは、相手の準拠枠にそって理解しようと、相手に耳を傾けることをいいます。

ちなみに、「きく」には、「聞く」「聴く」「訊く・尋く」の三種類の意味をもつ漢字があります。

「聞く」は音が耳に入ってくる、聞こえるの意味です。「聴く」は、相手の感じていること、伝えたいこと、言わんとしていることを相手の枠組みにそって理解しようと耳を傾けることです。「訊く・尋く」は、自分がききたいこと、自分が質問したいことを尋ねることです。

心を使って理解する

したがって、「相手に聴く」とは、相手の言わんとすることを理解しようとすることであり、ただ相手の言っていることを耳に入れるだけではなく、また内容をただ頭で理解するだけでもなく、相手が言葉と表情、態度、声の調子などでわかってもらおうとしていることを、わかってもらいたいように理解しようとすることです。

その意味では、相手を理解することには、耳や目だけではなく心も使う必要があります。

耳、目、心を使う

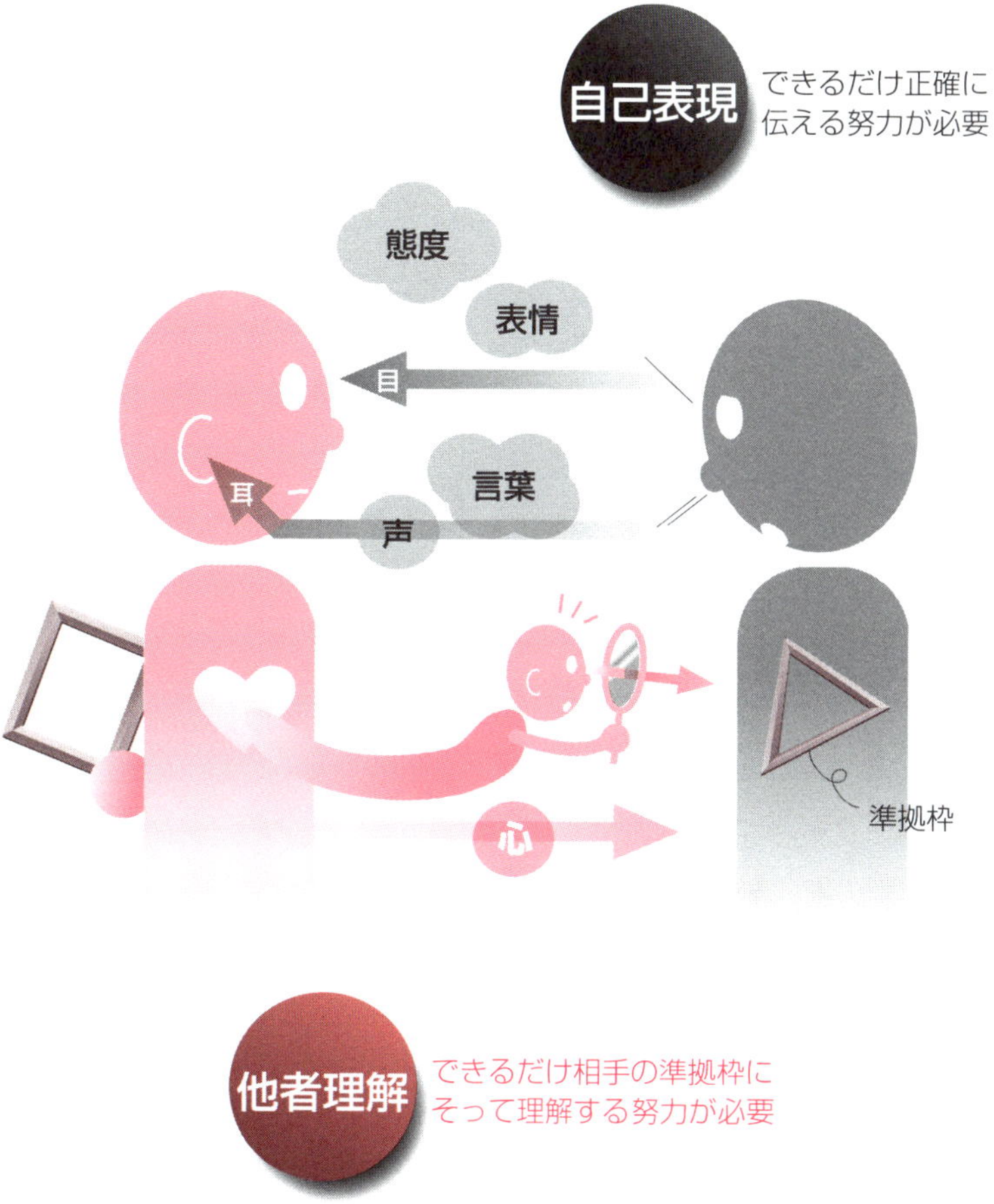
自己表現
できるだけ正確に
伝える努力が必要
態度
表情
目
言葉
耳
声
心
準拠枠
他者理解
できるだけ相手の準拠枠に
そって理解する努力が必要

ポイント

相手がわかってもらおうとしていることを、そのまま理解する。

7 確かめることで理解は深まる

●伝え方と受けとり方の枠組みを交換し合う

相手に聴くとは、相手の言いたいことをその人の言いたい通りに、その人の伝えたい感情やニュアンスで理解しようとすることです。

相手の様子を受けとる

先ほどのコップの例をとれば、「よほどあわてていたんでしょう」と言われたときには、私は意外な顔つきをしたり、残念だという表情をして、そのときの気持ちを表現することが大切であると同時に、相手はその様子を受けとり、理解しようとする姿勢が必要でしょう。

もし相手が酒屋のおまけについてくるガラスのコップをイメージしているときは、私の反応は不可解でしょう。

そのとき「それはどんなコップなのですか」と尋ねてみるとよいかもしれません。そうすれば、

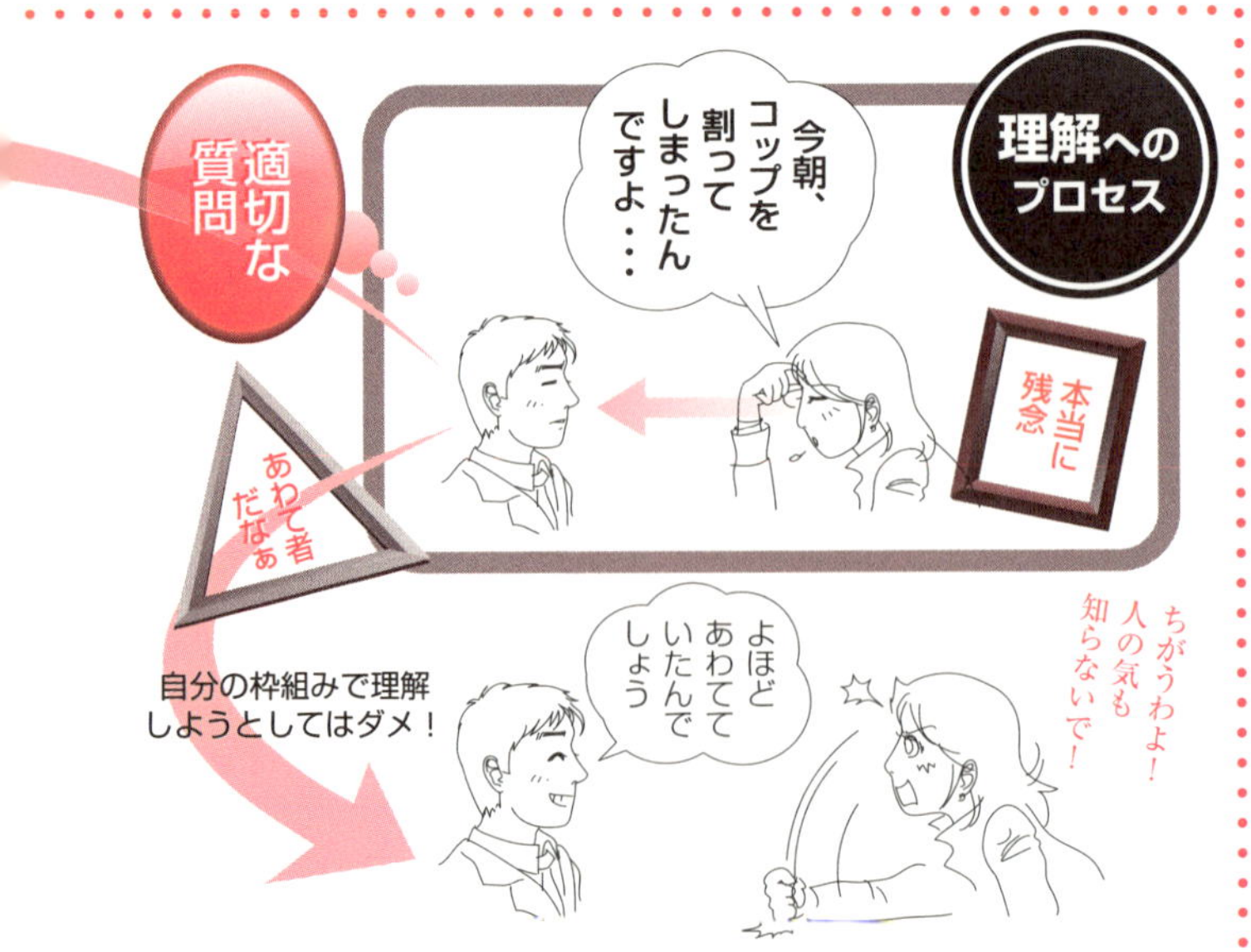
理解へのプロセス
今朝、コップを割ってしまったんですよ・・・
本当に残念
適切な質問
あわて者だなぁ
自分の枠組みで理解しようとしてはダメ！
よほどあわてていたんでしょう
ちがうわよ！人の気も知らないで！

「ヨーロッパ旅行の……」という答えが返ってきて、理解が深まるわけです。相手の言わんとすることに耳を傾けようとすれば、自然と適切な質問も出てくるようになります。

気持ちのいい相互理解

私たちのやりとりは、このように自分たちの伝え方と受けとり方の枠組みの交換であり、ある意味で行き違いや誤解の修正のプロセスでもあります。これが当然だとわかっていると、私たちは相手の言わんとすることを聴き、確かめ、理解しようと努めることができます。

一言で「自分を伝える」といっても、それは複雑なやりとりのメカニズムとプロセスを背負っているのです。

それを知っておくと、明確な自己表現をする気になり、相手に聴く心構えができます。それを積み重ねていくと、相互理解は正確に、また気持ちのいいものになっていきます。

適切な質問をする

さらに質問
どんなコップだったんですか？
はぁ、
本当に残念
実はヨーロッパ旅行の……
あわて者だなぁ
本当に残念
少し理解
そうでしたか。……
これを積み重ねることで、相互理解は正確に、また気持ちのいいものになっていく

ポイント 会話は、伝え方と受けとり方の枠組みの交換であり、行き違いや誤解の修正のプロセス。

第2章

あなたの自己表現のタイプは？

1 まずは、自己表現度をチェック

あなたのアサーション度はどれくらいでしょうか？

お互いを大切にしながら、それでも率直に、素直にコミュニケーションをすることを「アサーション」といいます。

アサーションは、私たちが望む自己表現とコミュニケーション、そして人間関係への鍵といえます。

表現が苦手な分野は？

ここで、アサーションとは何かを理解する前に、まず簡単に、あなたの今現在におけるアサーション度をチェックしてみましょう。

下段のアサーション度チェックリストに答えてください。あなたが普段どうしているかを考えて、文章のあとの（はい・いいえ）のいずれかに○を入れてください。

さて、「いいえ」の数はいくつありましたか。「い

			はい	いいえ
《2》人に対応する言動	11	人から誉められたとき、素直に対応できますか。		
	12	あなたの行為を批判されたとき、受け応えができますか。		
	13	あなたに対する不当な要求を拒むことができますか。		
	14	長電話や長話のとき、あなたは自分から切る提案をすることができますか。		
	15	あなたの話を中断して話し出した人に、そのことを言えますか。		
	16	あなたはパーティーや催しものへの招待を、受けたり、断ったりできますか。		
	17	押し売りを断れますか。		
	18	あなたが注文した通りのもの（料理とか洋服など）がこなかったとき、そのことを言って交渉できますか。		
	19	あなたに対する人の好意がわずらわしいとき、断ることができますか。		
	20	あなたが援助や助言を求められたとき、必要であれば断ることができますか。		

いえ」と答えた項目は、あなたが自己表現できていない、あるいは苦手な領域です。

「いいえ」が半分以上あった人は、日常生活や人間関係にやや支障を感じているかもしれません。

相手を考慮に入れていない言動

次に「はい」と答えた項目については、もう一度チェックしてください。

その「はい」が相手に対して否定的な感情をもったものだったり、腹立たしさを攻撃的に表現していたり、相手を無視する意図が潜んでいたりしてはいないでしょうか。

もしそうであれば、その「はい」は◎にしておきましょう。

その項目については、あなたは自分の意思や気持ちは大切にしているものの、相手を考慮に入れていない言動をしている可能性があります。

「はい」の数が一〇以上あれば、あなたのアサーション度は、普通以上ということができます。

アサーション度チェックリスト

			はい	いいえ
《1》自分から働きかける言動	1	あなたは、誰かにいい感じをもったとき、その気持ちを表現できますか。		
	2	あなたは、自分の長所や、なしとげたことを人に言うことができますか。		
	3	あなたは、自分が神経質になっていたり、緊張しているとき、それを受け入れることができますか。		
	4	あなたは、見知らぬ人たちの会話のなかに、気楽に入っていくことができますか。		
	5	あなたは、会話の場から立ち去ったり、別れを言ったりすることができますか。		
	6	あなたは、自分が知らないことやわからないことがあったとき、そのことについて説明を求めることができますか。		
	7	あなたは、人に援助を求めることができますか。		
	8	あなたが人と異なった意見や感じをもっているとき、それを表現することができますか。		
	9	あなたは、自分が間違っているとき、それを認めることができますか。		
	10	あなたは、適切な批判を述べることができますか。		

2 自己表現の三つのタイプ

◉自分優先？　他者優先？　自分のことをまず考え、他者も配慮？

それではここで、アサーションとはどんなことか、アサーションとそうでないこととの違いはどこにあるのか、どうしてアサーションができにくいのか、などについて考えてみましょう。

攻撃的か、非主張的か、適切か

アメリカのある心理学者は、人間関係のもち方には、大きく分けて三つのタイプがあると言っています。「第一は、自分のことだけ考えて、他者を踏みにじるやり方、第二は、自分よりも他者を常に優先し、自分のことを後回しにするやり方、第三は、第一と第二のやり方の黄金率ともいうべきもので、自分のことをまず考えるが、他者をも配慮するやり方」です。

アサーションとは、第三のやり方をいいます。私の実施している「アサーション〈自己表現〉トレーニング」では、第一のやり方を「攻撃的」または「アグレッシブ（aggressive）」、第二のやり方を「非主張的」または「ノン・アサーティブ（non-assertive）」、第三のやり方を「アサーティブ（assertive）」と呼びます。

自分の反応を知ろう

では、次に二つの実例を取りあげながら、この三種類の言動について理解を深めていきましょう。次項に私たちが日頃よく体験する状況と三つの反応を記しました。まず、状況を読んで、あなたならどんな反応をするか考えてみましょう。それから、三種類の反応を読みましょう。

それぞれの反応は典型的なものにするために、多少強調して書いていますが、自分はどの反応に近いか、考える参考にしてください。

人間関係のもち方

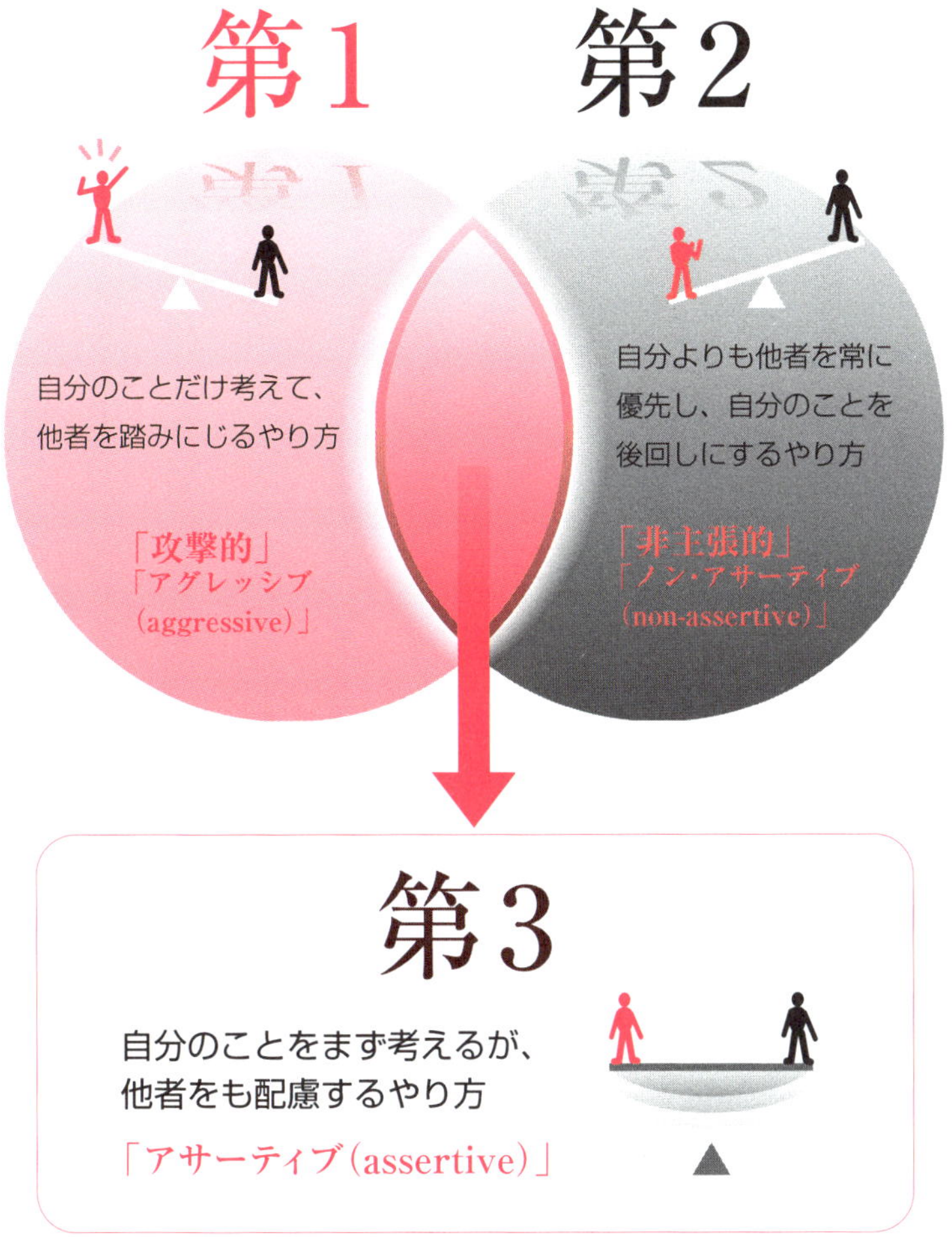
第1
自分のことだけ考えて、
他者を踏みにじるやり方
「攻撃的」
「アグレッシブ
（aggressive）」
第2
自分よりも他者を常に
優先し、自分のことを
後回しにするやり方
「非主張的」
「ノン・アサーティブ
（non-assertive）」
第3
自分のことをまず考えるが、
他者をも配慮するやり方
「アサーティブ（assertive）」

ポイント 人間関係のもち方には、攻撃的、非主張的、アサーティブの 3 種類がある。

3 こんなとき、どんな言動をしますか？

――●自分の気持ちを相手にどう伝えるか

外食中に――注文と違うものが出てきた

中村氏は郷里から上京してきた友人と、銀座のレストランで夕食をしています。ステーキの焼き加減をレアで注文しましたが、ウェイターが運んできたステーキは、ウェル・ダンに焼きあがっていました。中村氏の行動は……。

〈非主張的〉中村氏は友人に、「もうこのレストランには来ないぞ」と愚痴をこぼすが、ウェイターには何も言わず、笑顔で受け応えをする。せっかくのステーキはまずく、注文通りのものを要求し直さなかったこと、こんなところに友人を連れてきてしまったことを後悔する。何だか自分がすっかり萎縮してしまった感じになる。

〈攻撃的〉中村氏は怒ってウェイターを呼ぶ。注文通りでないことを必要以上に大声で怒鳴り、もう一皿注文通りのステーキを要求する。中村氏は自分の要求が通ったことと料理には満足したが、怒鳴ったことでその場が気まずい雰囲気になってしまい、友人に対しては気まりが悪く、また、夕食の雰囲気はすっかり台無しになってしまう。一方、ウェイターは侮辱された感じがして、不愉快な気持ちがしばらく静まらない。

〈アサーティブ〉中村氏はウェイターに合図をしてテーブルに呼び、「自分はステーキをレアで注文したこと、しかし、ウェル・ダンのステーキがきてしまったこと」を伝え、ていねいに、しかしはっきりと「レアのステーキと取り替えてきてほしい」と頼む。ウェイターは間違いを謝り、まもなくレアのステーキを運んでくる。中村氏も友人も夕食を満喫し、中村氏は自分の行為にも満足し、自信を強める。もちろんウェイターも客が満足したことで気分がいい。

親子関係で――子どもが深夜に帰ってきた

あなたには高校生の息子がいます。夏休みのある晩、友だちと花火大会に出かけ、夜中の二時に帰ってきました。あなたは、十二時には帰ってくると思っていたので、とても心配して、いらいらしながら待っていたのでした。

〈非主張的〉帰ってきたのを見て、何も息子に言わず、黙って眠りにつく。

〈攻撃的〉「一体、今まで何をしていたんだ！　今何時だと思っている！　一晩中人を寝かせないつもりか」と、いきなり怒鳴る。

〈アサーティブ〉「とても心配したよ。十二時には帰ると言っただろう。だからすごく気になってね。大丈夫だったのか？　遅くなると電話してほしかったな」と、相手を責めるのではなく、しかしはっきり自分の気持ちを伝える。

外食中
注文と違うものが出てきた
親子関係
子どもが深夜に帰ってきた
非主張的
まずい
何も言わない
萎縮
後悔
帰ってきたのを見て、何も息子に言わず、黙って眠りにつく
息子
攻撃的
大声で怒鳴り、もう一皿要求。要求は通ったが夕食の雰囲気はすっかり台無し
不愉快
いきなり怒鳴る
今何時だと思ってるんだ！
チッ！
アサーティブ
テーブルに呼び、替えてほしいとていねいに頼む
謝罪
相手を責めるのではなく、しかしはっきり自分の気持ちを伝える
心配したよ。電話してほしかったな
ごめん！

4

非主張的な自己表現

●自分の気持ちや考えを表現しなかったり、しそこなったりする言動

〈非主張的〉とは、自分の気持ちや考えを表現しなかったりしそこなったりする言動をいいます。

これには、自分の気持ちや考えを言わないだけではなく、あいまいな言い方をしたり、言いわけがましく言ったり、消極的な態度をとったり小さな声で言ったりすることも含まれます。

自信がなく、不安が強いとき

非主張的な言動をしているときは、相手に譲ってあげているように見えながら、自信がなく、不安が強く、それを隠して卑屈な気持ちになっていることが多いものです。

したがって、非主張的な言動のあとは、「自分はやっぱりダメだ」といった劣等感や、「どうせ言ってもわかってもらえないに決まっている」といったあきらめの気持ちがつきまといます。

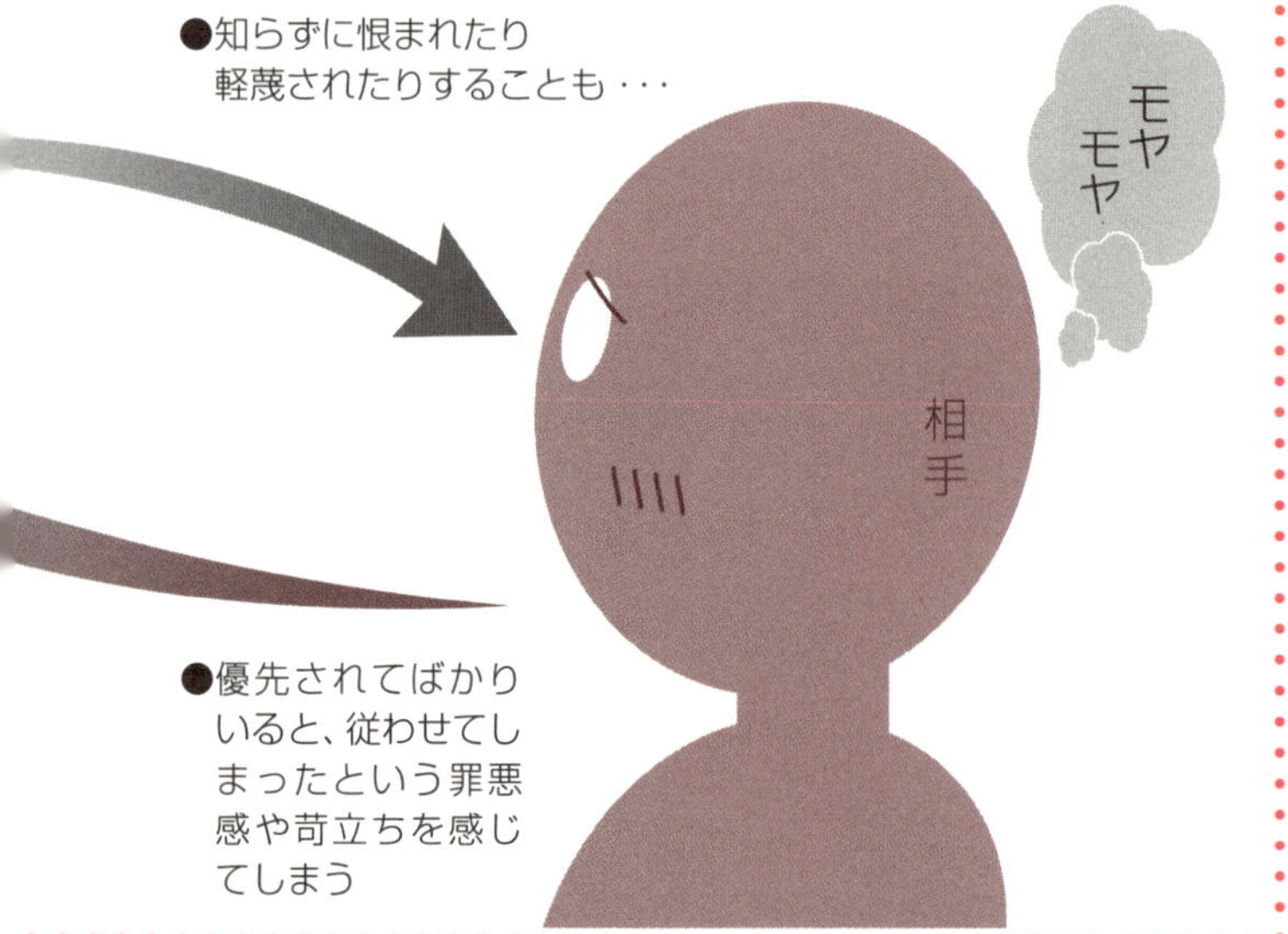
●知らずに恨まれたり
軽蔑されたりすることも・・・
モヤ
モヤ
相手
●優先されてばかり
いると、従わせてし
まったという罪悪
感や苛立ちを感じ
てしまう

そもそも自己表現していないわけなので、相手にわかってもらおうと期待するのは欲ばりなのですが、つい「黙って引いてあげたのに」とか、「立てたのにわかってくれない」という甘えや相手への軽蔑の気持ちをもったりもします。

人とつき合うのがおっくうになる

このようにして我慢や恨みが積み重なると、欲求不満や怒りがたまり、人とつき合うのがおっくうになります。

また、弱い立場の相手に対して、不当に八つ当たりをしたり、意地悪をしたりすることにもなりかねません。

一方、相手も結果的に被害を受けます。あとで恨まれたり、軽蔑されたりするのではたまったものではありません。

また、優先されてばかりいると、あなたに対して、従わせてしまったという罪悪感や苛立ちを感じるかもしれません。

非主張的な言動をする人

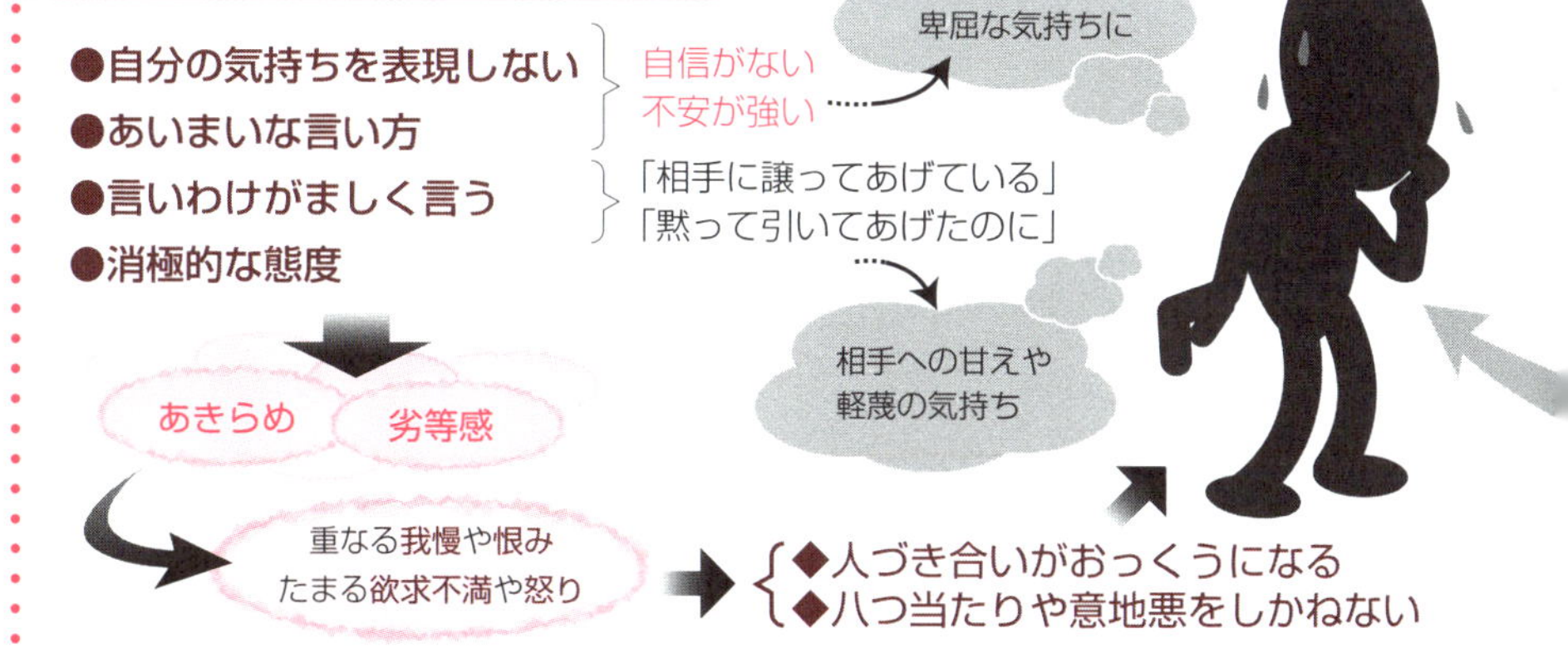
●自分の気持ちを表現しない
●あいまいな言い方
●言いわけがましく言う
●消極的な態度
自信がない
不安が強い
それを隠して
卑屈な気持ちに
「相手に譲ってあげている」
「黙って引いてあげたのに」
相手への甘えや
軽蔑の気持ち
あきらめ
劣等感
重なる我慢や恨み
たまる欲求不満や怒り
◆人づき合いがおっくうになる
◆八つ当たりや意地悪をしかねない

ポイント　**自信がなく、不安が強く、それを隠して卑屈な気持ちになっていることが多い。**

5 攻撃的な自己表現

◉相手の言い分や気持ちを無視、軽視して、自分を押しつける言動

〈攻撃的〉とは、自分の意見や考え、気持ちをはっきりと言うことで、相手の言い分や気持ちを無視、軽視して、結果的に、相手に自分を押しつける言動をいいます。

相手を踏みにじっている

このような言動をしている人は、一見、表情豊かで、ハキハキものを言っているように見えますが、自分のことだけを主張しているわけなので、結局、相手を踏みにじっていることになります。

そこには、その場の主導権を握り、相手より優位に立とうとする態度や、「勝ち負け」でものごとを決めようとする姿勢が見え隠れしていて、自分に不正直ともいえます。

つまり、攻撃的とは、たんに暴力的に相手を責めたりするだけではなく、相手の気持ちや欲求を

●服従させられた気持ちになり、大切にされた感じはしない
非難
侮辱
皮肉
八つ当たり
プンプン
相手
●傷つき、怖れて敬遠するか、怒りを感じて、**復讐心**を抱くかも・・・

無視して、自分勝手な行動をとったり、巧妙に自分の欲求を相手に押しつけたりすることをいいます。もちろん、不当な非難、侮辱、皮肉、八つ当たりなども含まれます。

このような言動をする人は、どこか防衛的で、必要以上に強がっていたりします。

また、自分の意向は通っても、その強引さのために後味の悪いことが多く、それが自分の本意ではなかったことに気づき、後悔することになります。

お互いの関係をギスギスしたものにする

また、攻撃的な対応をされた相手は、服従させられた気持ちになり、大切にされた感じにはなりません。

その結果、傷つき、怖れて敬遠するか、怒りを感じて、復讐心を抱くかもしれません。

いずれにしても、お互いの関係は、相互尊重にはほど遠く、ギスギスしたものになりがちです。

攻撃的な言動をする人

- その場の主導権を握りたい
- 相手より優位に立とうとする態度
- 「勝ち負け」でものごとを決めようとする姿勢

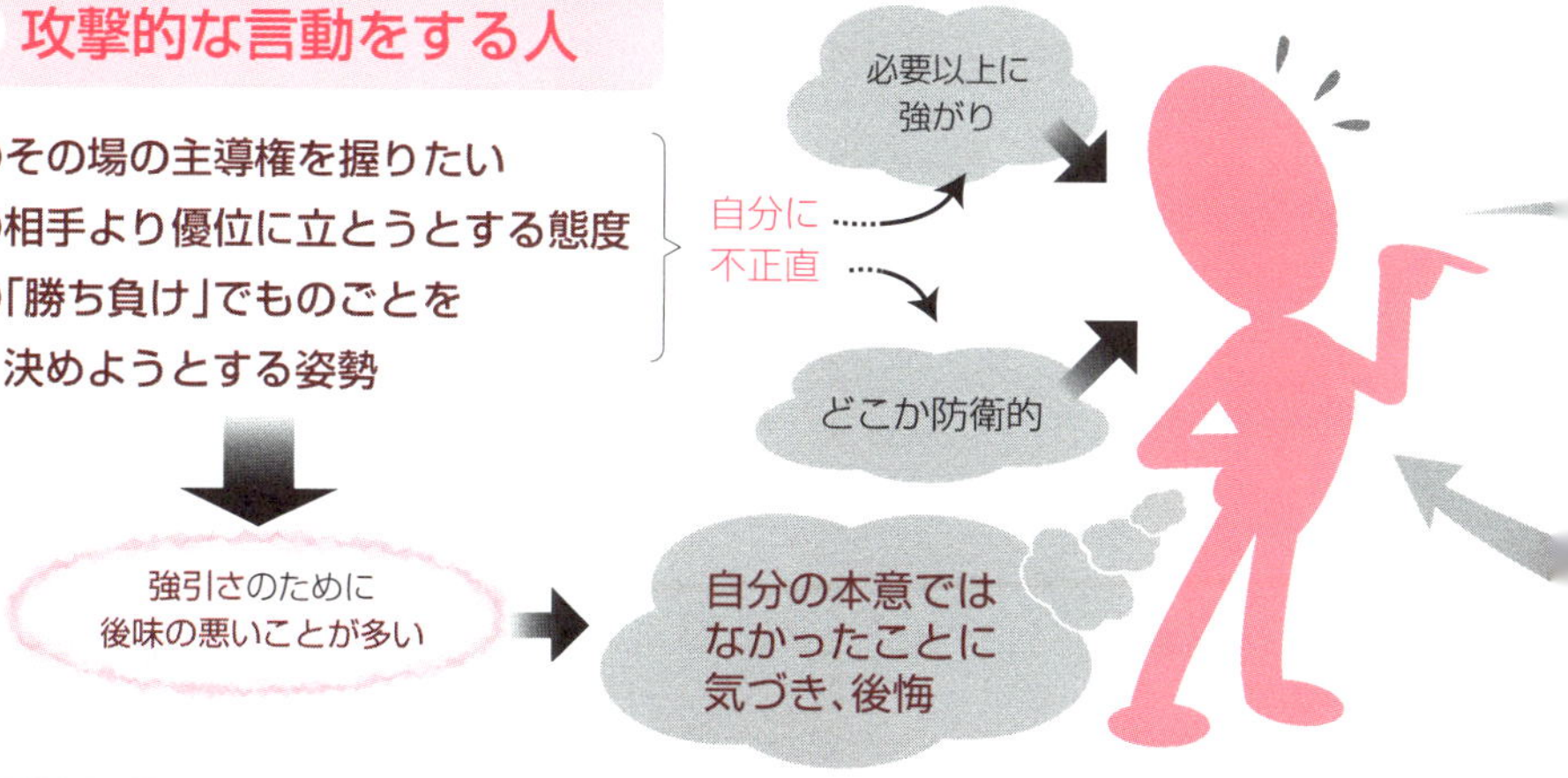
必要以上に強がり
自分に不正直
どこか防衛的
強引さのために後味の悪いことが多い
自分の本意ではなかったことに気づき、後悔

ポイント　相手の気持ちや欲求を無視して、自分勝手な行動をとったり、自分の欲求を押しつけたりする。

6

適切な自己表現

◉アサーティブ＝自分も相手も大切にした自己表現

〈アサーティブ〉とは、自分も相手も大切にした自己表現です。

譲ったり譲られたりしながら

アサーティブな発言では、自分の気持ち、考え、信念などが正直に、率直に、その場にふさわしい方法で表現されます。そして、相手が同じように発言することを奨励します。

その結果としては、お互いの意見が葛藤を起こすこともあり得ると考えます。お互いに率直に話をすれば、自分の意見に相手が同意しないこともあるし、また、相手の意見に自分が賛同できるとは限らないことを知っています。むしろ、率直に話して意見や考えが一致すれば、それはラッキーだと思うのです。

だから、葛藤が起こったときは、面倒がらずに

●大切にされたと感じ、
2人の努力を誇らしく思う
スッキリ
創意
工夫
相手
創意
●余裕と自信に満ち、
相手にもさわやかな印象を与える

お互いの意見や気持ちを出し合って、譲ったり、譲られたりしながら、双方にとって納得のいく結論を出そうとするのです。

このような言動は、余裕と自信に満ちており、自分がすがすがしいだけでなく、相手にもさわやかな印象を与えます。

また、相手は大切にされたという気持ちをもつと同時に、二人の努力に対して誇らしい気持ちをもつでしょう。

相互尊重の体験をする

アサーションには、歩み寄りの精神があり、多少時間はかかっても、お互いを大切にし合ったという気持ちが残ります。

また、話し合いのプロセスでは、より豊かな創意や工夫が生み出され、一人の提案よりはむしろ満足のいく妥協案が探り出せる可能性さえもあります。

そんな相互尊重の体験をすることがアサーションです。

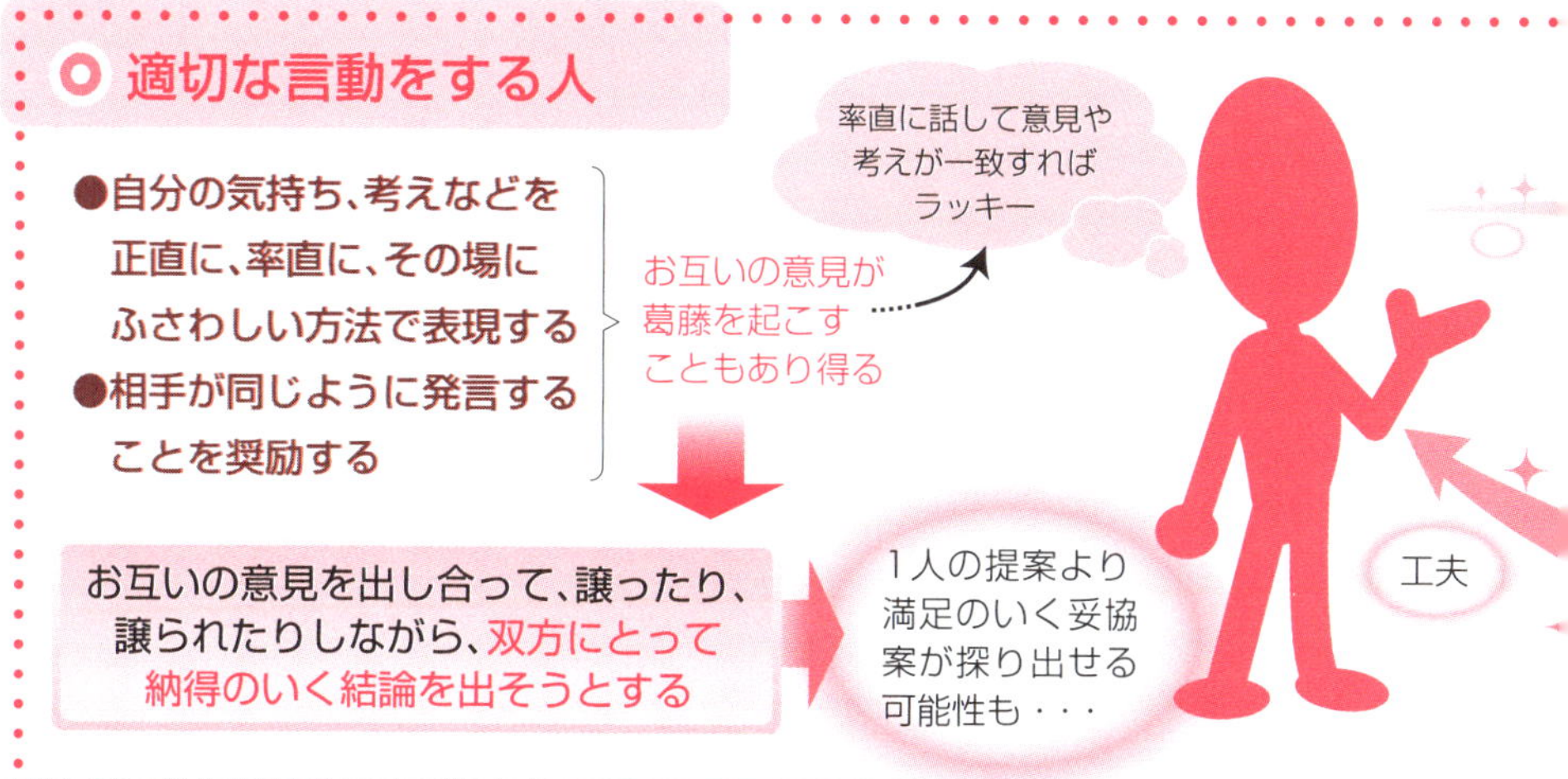
適切な言動をする人
●自分の気持ち、考えなどを正直に、率直に、その場にふさわしい方法で表現する
●相手が同じように発言することを奨励する
お互いの意見が葛藤を起こすこともあり得る
率直に話して意見や考えが一致すればラッキー
お互いの意見を出し合って、譲ったり、譲られたりしながら、双方にとって納得のいく結論を出そうとする
1人の提案より満足のいく妥協案が探り出せる可能性も・・・
工夫

ポイント　アサーションには、歩み寄りの精神があり、お互いを大切にし合ったという気持ちが残る。

7 あなたの自己表現のタイプは?

◉言動を意識することで、行動を変えるチャンスをつかむ

あなたが、日常的に関係のある家族、友人、職場の上司や仲間、隣人、親戚などと、どんなつき合いをしているか思い出してみてください。

その関係のなかで、とくに支配的な人はいますか。誰かに対して、あなたは卑屈になったり、おべっかを使ったりしていないでしょうか。逆に誰かを利用したり、軽く扱ったりしてはいませんか。状況によって相手によって、自己表現が変わることはありませんか。

相手によって表現が変わる?

多くの人は、誰か特定の人との関係やある種の特定な状況で、アサーションができなくなります。ある人に対してはきちんと言えるのに、同じことでも他の人には言えないとか、状況によって言えたり言えなかったりするといったことです。

それは、長い間につくられた行動パターンが、習慣化されているからです。親や権威者には従うべきだと思っていると、自分が子どもの立場や、地位のない立場にいるとき、従属的、非主張的になります。逆に、自分が親とか権威者の立場にいるときは攻撃的になる可能性があります。

また、過去のある状況の下でやったアサーティブでない反応が身についてしまっていて、それを無意識に繰り返している場合もあります。

自分の言動を意識してみる

いずれにしても、特定の人や特定の状況でアサーションできない人は、そのことにまず気づくことが必要です。自分の攻撃的または非主張的な言動を意識することで、自分の行動を変えるチャンスをつかみやすくなります。

3つのタイプの自己表現の特徴

非主張的	攻撃的	アサーティブ
「私はＯＫでない、あなたはＯＫ」	「私はＯＫ、あなたはＯＫでない」	「私もＯＫ、あなたもＯＫ」
弁解がましい	責任転嫁	自分の責任で行動
黙る	一方的に主張する	柔軟に対応する
服従的	支配的	歩み寄り
承認を期待	優越を誇る	自己選択で決める
相手任せ	相手に指示	自他協力
他人本位	自分本位	自他調和
依存的	操作的	自発的
自己否定的	他者否定的	自他尊重
消極的	無頓着	積極的
卑屈	尊大	率直
引っ込み思案	強がり	正直

8 なぜ非主張的なのか、なぜ攻撃的になるのか

●不安、緊張、孤独感などで、心が落ち着く余裕がない

どんな人に対しても、どんな状況にあっても、全般的に非主張的な人や攻撃的な人もいます。「全般的に非主張的」な人は、自己否定的で、いつも不安で、緊張度の高い生活を送っています。「全般的に攻撃的」な人は孤立しやすく、いつも愛情飢餓に陥《おちい》っています。

会社では従順な人が家庭で暴君に

ときに「全般的に非主張的」と「全般的に攻撃的」を交互にやる人がいます。「内弁慶」といわれるような、会社では何ごとにも逆らわない従順な人が、家庭では暴君という場合です。

このような人は、人間関係や社会的場面で、常に周囲との関係で物事を進めようとするので、自分の気持ちに正直になれず、したがって自己表現が自己欺瞞《ぎまん》的になっています。それを見破られまいと、さらに周囲の状況に神経質になり、ますます不安を高めるという悪循環に陥ります。

その点では、「全般的に非主張的」な人も「全般的に攻撃的」な人も、心の奥では同じ不安定な気持ちを味わっているといえます。

まず、自分を好きになろう

対人恐怖の人や人から怖れられる暴君は、表面的な平静さや強がりの裏に、不安、緊張、孤独感などの気持ちがあり、心が落ち着く余裕がありません。また、そのような気持ちの不安定さからくる「心の疲れ」や、自己嫌悪の気持ち、投げやりな気持ちなどにさいなまれることもあります。

このような人は、まず、そこから抜け出すための手だてが必要です。あるいは、まず自分を好きになるための援助が必要です。

心が落ち着く余裕のない人

「全般的に非主張的」

自己否定的で、いつも不安で、
緊張度の高い生活を送る

「全般的に攻撃的」

孤立しやすく、
いつも愛情飢餓に陥っている

「全般的に非主張的」と「全般的に攻撃的」を交互に

「内弁慶」。
会社では従順だが、家庭では暴君

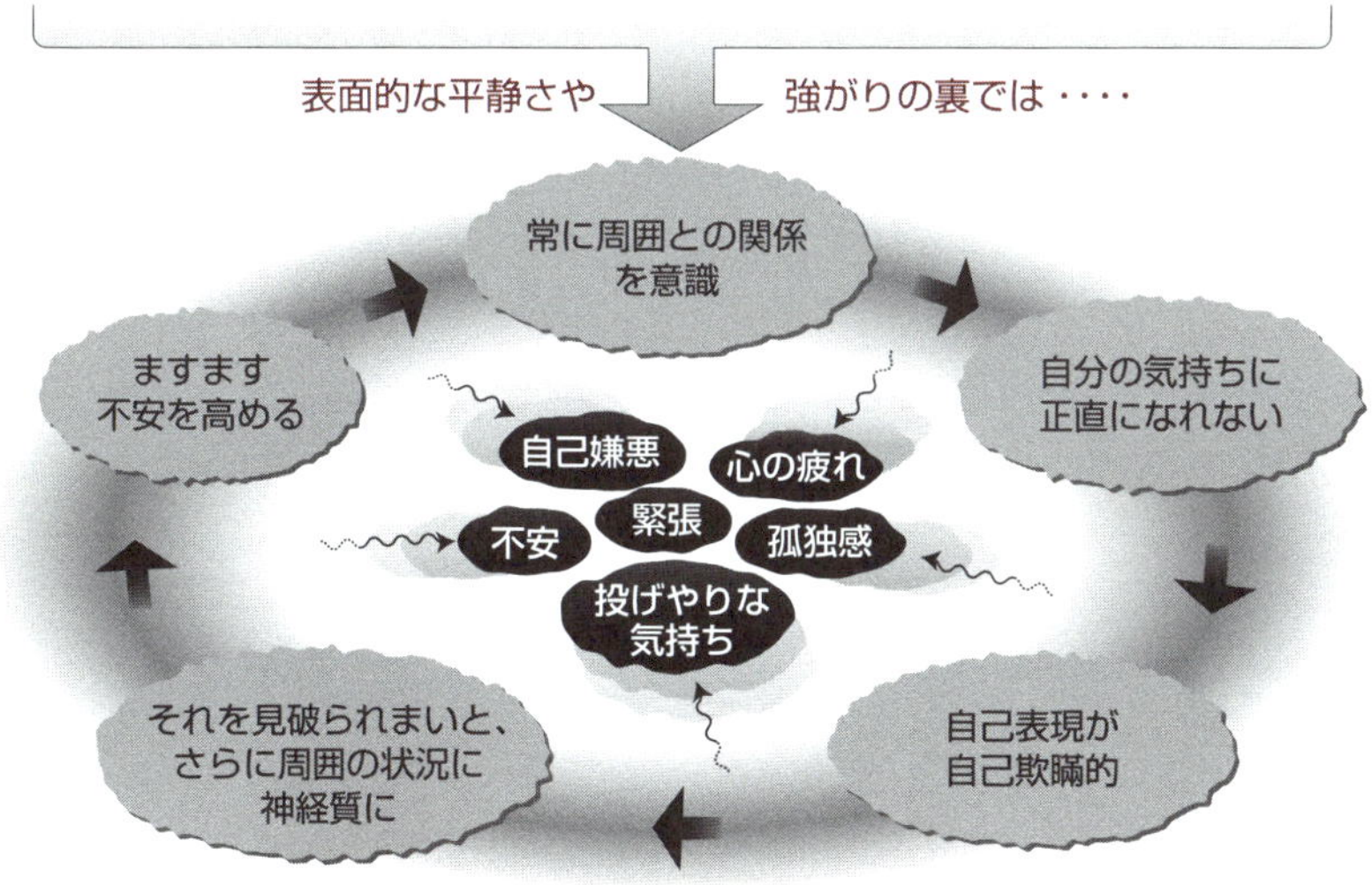
表面的な平静さや
強がりの裏では・・・・
常に周囲との関係を意識
自分の気持ちに正直になれない
自己表現が自己欺瞞的
それを見破られまいと、さらに周囲の状況に神経質に
ますます不安を高める
自己嫌悪
心の疲れ
緊張
不安
孤独感
投げやりな気持ち

そこから抜け出すための手だて　**自分を好きになるための援助**　が必要！

ポイント　「全般的に非主張的な人」も「全般的に攻撃的な人」も、同じ不安定な気持ちを味わっている。

第3章

なぜうまく自分を表現できないのか

1

自分の気持ちが把握できていない

自分の気持ちを明確に把握することは、アサーションの第一歩

私たちはなぜアサーティブになることがむずかしいのでしょうか。

まず、言いたいことが自分でもはっきりつかめていないときには、アサーティブになれません。自分の気持ちが不明確なわけですから、表現できないのは当然です。自分の気持ちを明確に把握することは、アサーションの第一歩です。

赤ん坊は自分の気持ちがわかっている

じつは、自分の気持ちを最もはっきりわかっていて、それを訴えることができているのは、生まれたばかりの赤ん坊です。赤ん坊は泣くことしかできませんが、お腹がすいたとき、おしめが濡れて気持ちが悪いとき、抱いてほしいとき、気分が悪いときなど、すぐに表現します。

しかし、それほど率直な人間の赤ん坊も、やがて、自分の訴えを聞き入れてくれない親の態度や言動に接して、素直な自己表現をしなくなります。

表現しない気持ちは強化されない

親とのつき合いは長く、濃厚である場合が多いので、よほど柔軟で、幅広い行動範囲をもった親の下で育たない限り、親に認められた一定の気持ちや考えを表現することだけが強化されます。

表現しない気持ちや考えは強化されないので、だんだん薄れ、忘れ去られていきます。

ときには、そんな気持ちや考えがあると、表現できないときに苦しくなるので、自分のなかで否認して心の奥底に抑圧して、ないことにしてしまうこともあります。

その結果、自分の気持ちがはっきりせず、また把握できなくなるのです。

自分の気持ちをつかめない

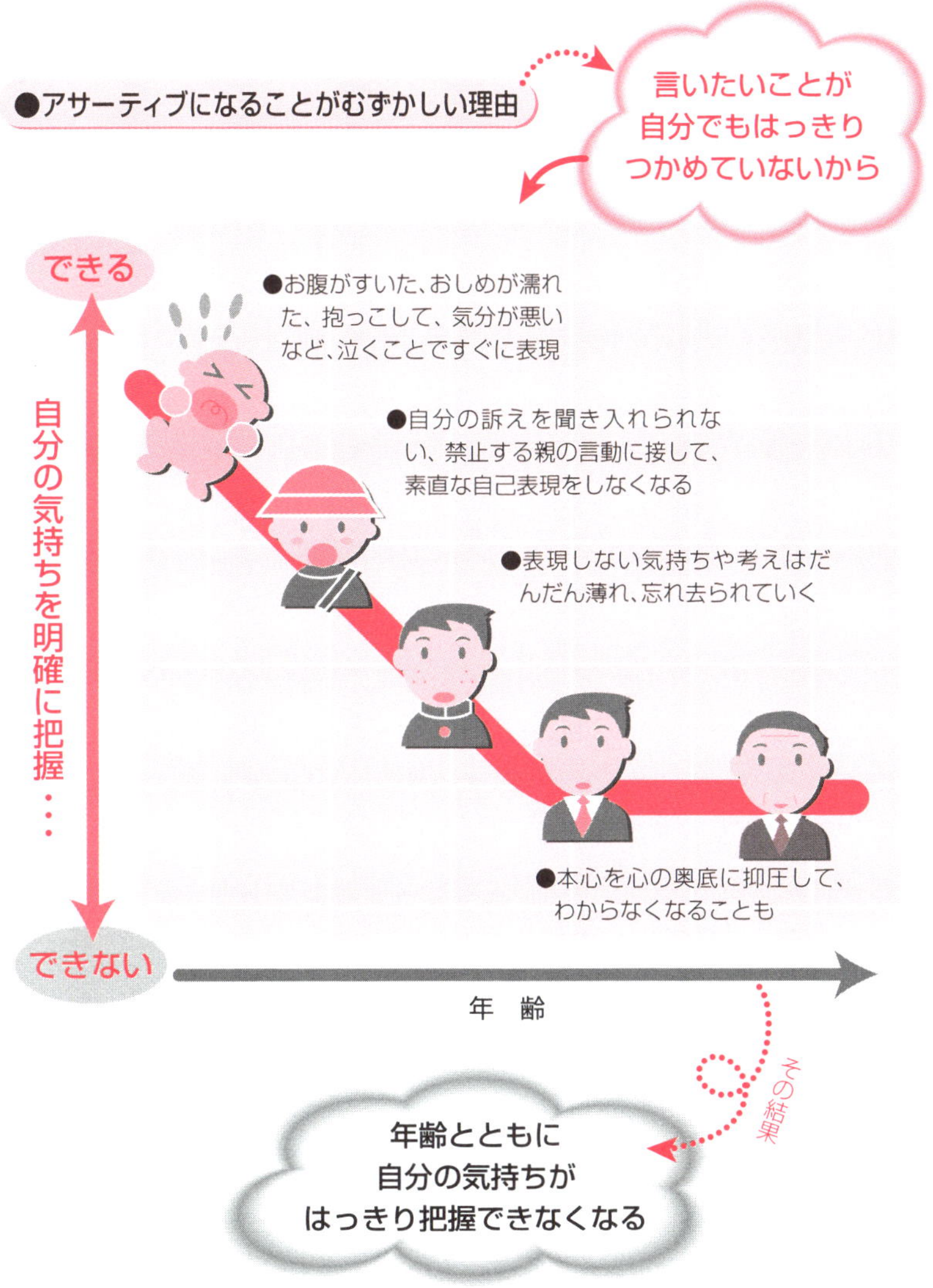
●アサーティブになることがむずかしい理由
言いたいことが
自分でもはっきり
つかめていないから
できる
自分の気持ちを明確に把握…
できない
●お腹がすいた、おしめが濡れた、抱っこして、気分が悪いなど、泣くことですぐに表現
●自分の訴えを聞き入れられない、禁止する親の言動に接して、素直な自己表現をしなくなる
●表現しない気持ちや考えはだんだん薄れ、忘れ去られていく
●本心を心の奥底に抑圧して、わからなくなることも
年　齢
その結果
年齢とともに
自分の気持ちが
はっきり把握できなくなる

ポイント
アサーションの第一歩は、
自分の気持ちを明確に把握すること。

2 結果や周囲を気にしすぎる

自己表現で重要なことは、自分の気持ちが適切に言えるかどうか

次に、自分の言いたいことが伝わるかどうかばかりを気にして、結果に気を奪われているとき、つまり失敗を怖れているとき、アサーティブにはなれません。

できるかぎり表現するしかない

自己表現で重要なことは、言いたいことが伝わるかどうかではなくて、自分の気持ちが適切に言えるか否かです。

なぜなら、「伝わる」ということには、自分の伝える行為と相手の受けとる行為の両方がかかわっています。

相手の受けとる行為は相手のものであり、受けとるかどうかは相手が自由に決めることができます。私たちは相手の自由を支配することはできませんから、伝わるかどうかはわからないし、それ

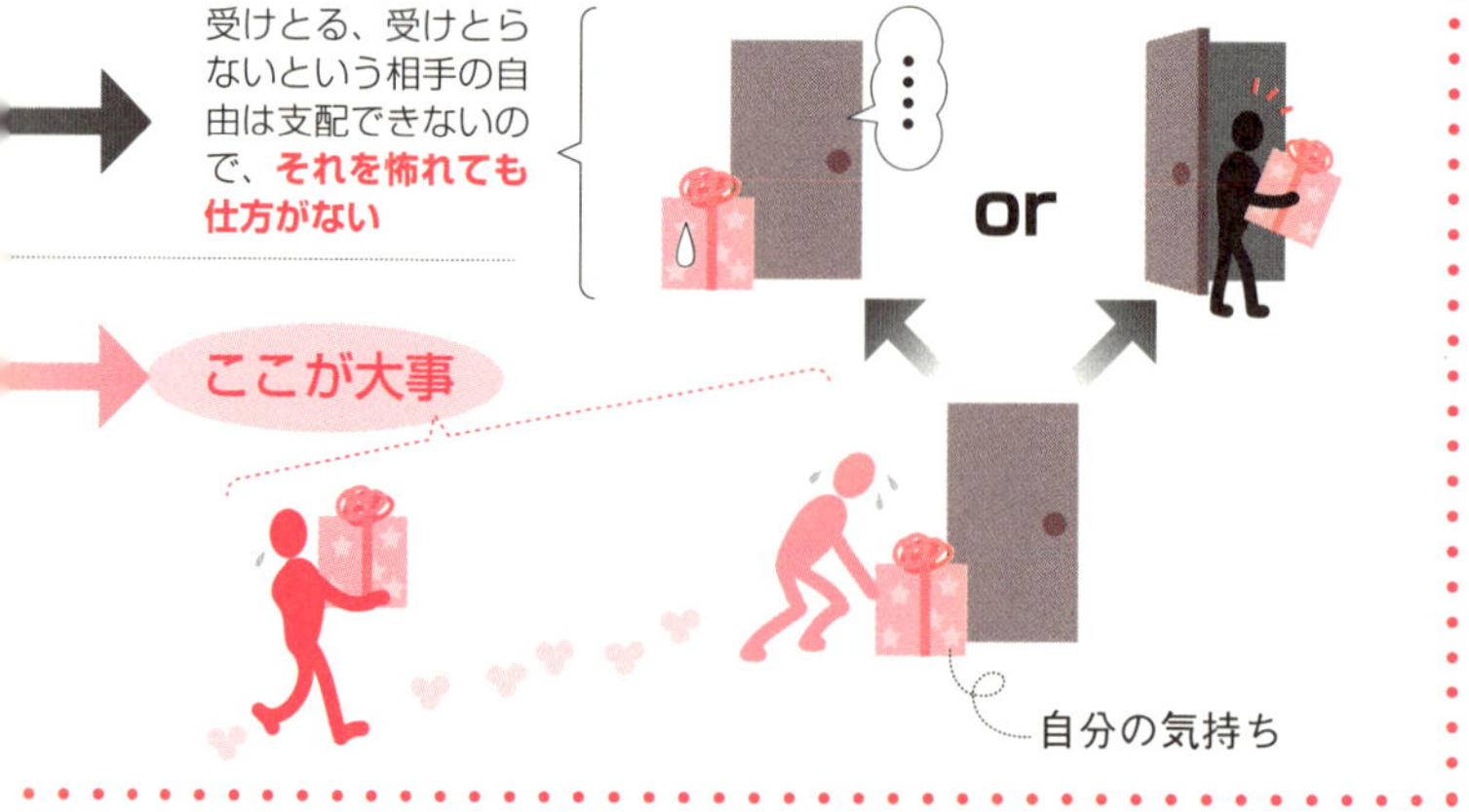

違った意見を言うともめるかも・・・
好かれるようにするには・・・
非主張的になってしまう
受けとる、受けとらないという相手の自由は支配できないので、それを怖れても仕方がない
or
ここが大事
自分の気持ち

を怖れても仕方がないのです。

　つまり、失敗することを怖れていては、コミュニケーションは成り立たず、したがって、精一杯、自分のできるかぎりで、自分の気持ちを表現することに、エネルギーを注ぐことが先決なのです。

　そして、伝わらなかったら、またコミュニケーションを続けるしかないのです。

自分の気持ちや考えを大事にする

　また、他人や周囲の状況のほうを気にして、自分の気持ちや考えをおろそかにしていると、自分の言いたいことが言えなくなります。

　違った意見を言うともめごとが起こるのではないか、好かれるようにするには、相手の意向にそって動き、思いやりのあるいい人になるほうがよい、などと考えていると、非主張的になります。

　この態度は、一見、相手を立てているようですが、そうではありません。

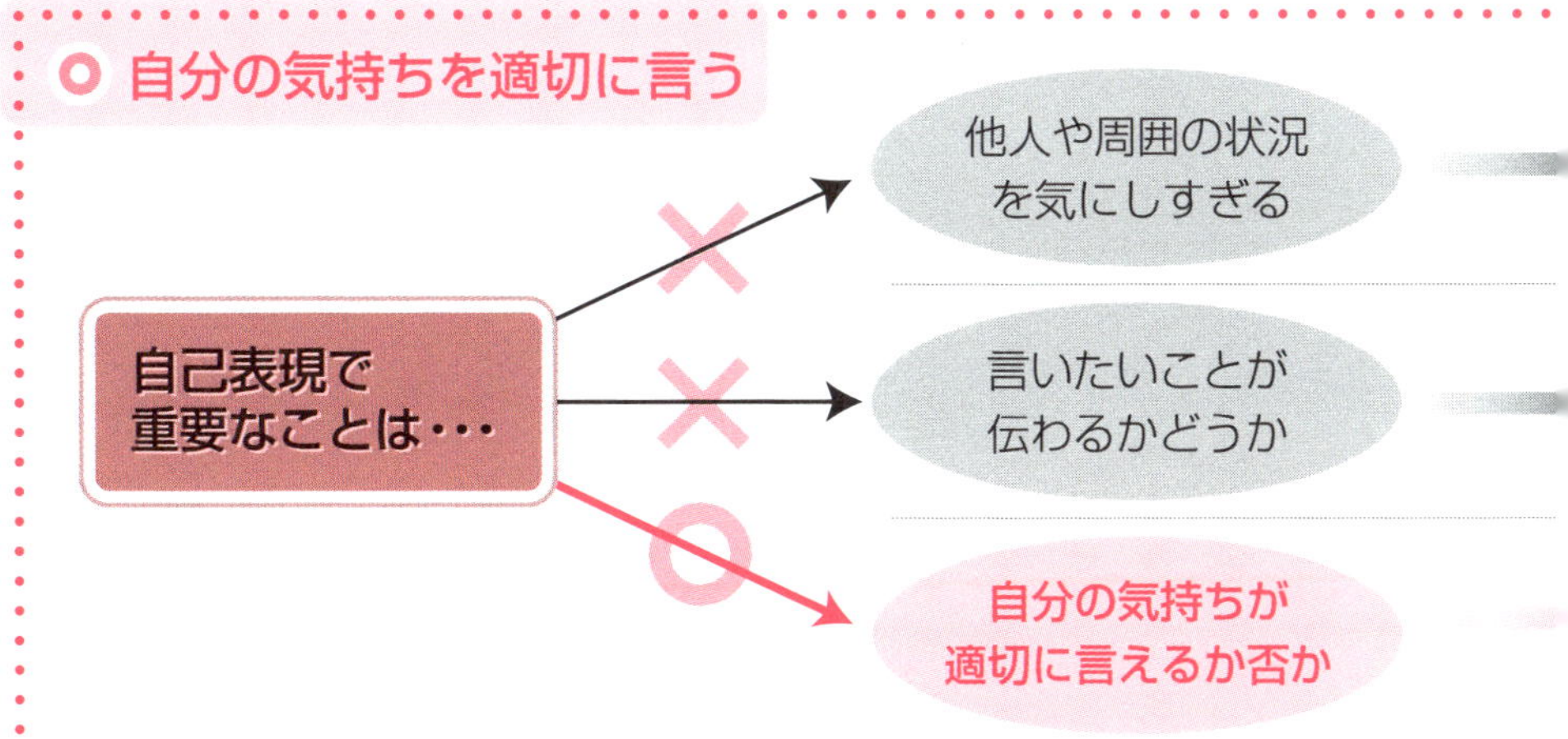
自分の気持ちを適切に言う
自己表現で重要なことは…
他人や周囲の状況を気にしすぎる
言いたいことが伝わるかどうか
自分の気持ちが適切に言えるか否か

ポイント
できるかぎり、自分の気持ちを表現することに、エネルギーを注ぐことが先決。

3 自分の権利を使っていない

◉アサーションは基本的人権の一つ

アサーションは基本的人権の一つです。

しかし、多くの人はアサーションする権利があることを知らないか、忘れて生活をしています。

夜中にかかってきた電話

友人が夜遅く電話をかけてきました。彼は会社で大失敗をして、上司に叱られ、愚痴を聞いてもらおうとかけてきたのでした。あなたは、昨日徹夜で残業をし、今日も厳しい一日を過ごして疲れ、早目に寝ようと思っていたところでした。

こんなとき、多くの人は、「断ると罪悪感をもつし、だからといって引き受けると自己嫌悪に陥るし……」といったジレンマを体験します。

このような状況でこそ、適切な判断と成熟したアサーションが必要になります。「自分がやりたいことを言うことは人権として許される」というところに立ち戻ることができれば、そして相手もアサーション権をもっていることを受け入れるならば、次の段階に進むことができるのです。

お互いに権利をもっている

つまり、相手の言い分を受けとめる気持ちがあるなら、「今夜は疲れていて、もう寝たいと思っていること」「できれば明日の晩、電話をしてほしいこと」を伝えてもいいのです。

もちろん、それを聞いた相手はあなたの申し出に対して、同意する権利も、さらに別の提案をする権利もあります。

相手の意見によって、またあなたの次の考えを言えばいいのです。これが話し合いであり、人間関係なのです（アサーション権については、第4章で詳述します）。

誰もがアサーション権をもっている

どちらかを立てようとしても無理な状況

- 自分がやりたいことと人の希望とが一致しない
- 自分の希望と常識が合わない

友だちなんだから？

自分より彼のほうが大変？

友だちは傷つく？

お人好し？

優しくない人？

利己的だと思う？

友情を失う？

人と共に生きる？

これくらいの犠牲はつきもの？

軽くあしらわれたと思う？

内的葛藤
が起きる

自己を通せば
相手が傷つくかも…

自分がやりたいことを通す
十分な理由がない…

適切な判断と成熟したアサーションが必要

アサーションの原点は、

アサーション権

相手の言い分を受け止める気持ちがあるなら、
とりあえず、自分の今の気持ちを伝えてみてもいい

今ちょっといいか？

今はだめだよ。あしたなら

相手はあなたの申し出に対して、同意する権利もあるし、さらに別の提案をする権利もある

これが
話し合いであり、
人間関係

相手の意見によって、またあなたの次の考えを言えばいい

ポイント

「自分がやりたいことを言うことは
人権として許される」ことを理解する。

4

自分の考えや気持ちを大切にしていない

●自分を外的な基準でコントロールしている

もののの見方、ものごとの考え方がアサーティブでない人がいます。

教え込まれた考え方

たとえば、あなたは次のような考えをもっていませんか。

・ものわかりのよい人が好かれる
・愚痴はこぼしてはならない
・おとなは子どもより偉い
・負けることはよくない
・人を傷つけてはならない

私たちは、多くの常識といわれるものや思い込みを正しいと信じて生活しています。これらの考え方は、両親や先生などによって、子どもの頃からさまざまな形で教え込まれます。

よく考えてみると、それはおとなの都合のいい言い分であったり、おとなが子どもを自分の考え通りに動かすための操作的な理屈であったりすることが多いのです。

敵意やへつらいなく発言する

このような考え方を基準にして生活するということは、自分を外的な基準でコントロールしていることになります。もちろん、文化的、伝統的に大切にしたい考え方や、地域によって多くの人が守っている対人関係の知恵はあるでしょう。すべて悪いといっているわけではありません。

しかし、アサーティブな人は、それらも含めて対人関係の場面で自分の考えや気持ちを大切にし、敵意やへつらいなくそれを言ってみることができるのです。考え方のアサーションについては、第5章でさらに検討します。

考え方をアサーティブにする

●常識といわれるもの
●思い込み

……正しいと信じている

ウンウン

・ものわかりのよい人が好かれる
・愚痴はこぼしてはならない
・おとなは子どもより偉い
・負けることはよくない
・人を傷つけてはならない

子どもの頃に
両親や先生に
しっかり教わり
ましたから！

◆でも実はこれらの考え方は・・・

おとなの
都合のいい
言い分

子どもをおとなの
考え通りに動かすための
操作的な理屈

・・・ということも多い

えっ？・・・
パリン！

●対人関係の場面で・・・

考え方がアサーティブでない人

どうもどうも・・・
●常識といわれるもの
●思い込み

知らずに自分を外的な基準で
コントロールしている

考え方がアサーティブな人

どうもどうも・・・
●常識といわれるもの
●思い込み
自分の考え
自分の気持ち

それらも含めて自分の考えや
気持ちを大切にしている

ポイント 自分の考えや気持ちを大切にし、
敵意やへつらいなくそれを言ってみよう。

5 アサーションのスキルを習得していない

●多くの人がアサーティブになれない最大の理由

多くの人がアサーティブになれない最大の理由は、アサーションのスキルをもっていないことにあると思われます。

自己表現の仕方を学んでいない

先ほど、私たちは社会に適応していくうえでの、受け入れられやすい考え方や行動様式をいつの間にか身につけていると述べましたが、逆に、いろいろな場面に適切な行動の仕方、自己表現の仕方については、スキルや方法を習っていないともいえます。

これらのスキルは状況や場面に応じて具体的に、しかも応用がきくように習っていなければなりません。頼まれごとを断る方法とか、人との会話の始め方といった具合です。

多くの対人スキルは、子ども時代に身につけま

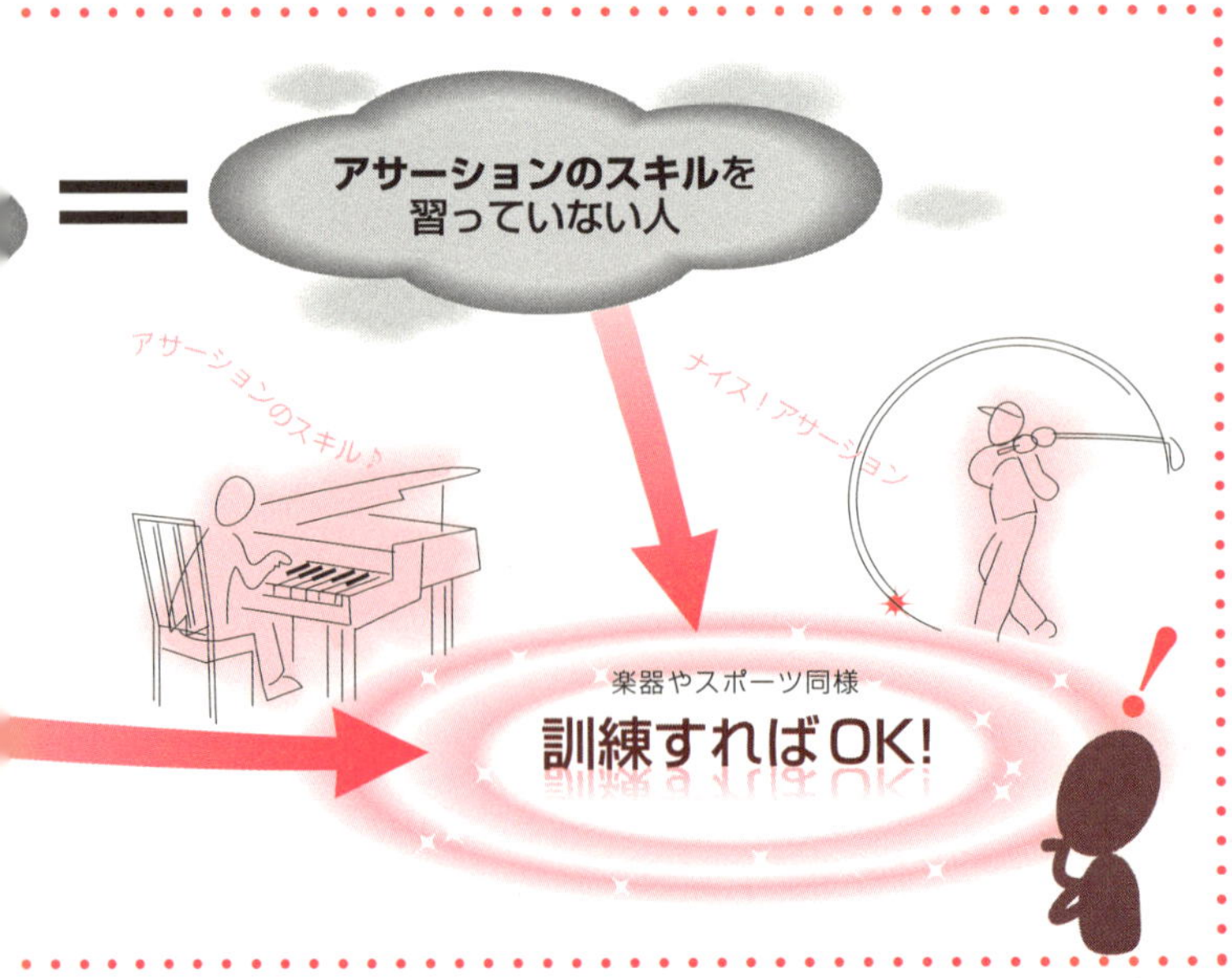

アサーションのスキルを習っていない人
アサーションのスキル♪
ナイス！アサーション
楽器やスポーツ同様
訓練すればOK!

すが、スキルのない多くの人たちは、他の人びとのスキルが、幼い頃からの実行の積み重ねによって身につけたものと考えず、自然にできるものと思っています。

訓練をすれば身につく

対人スキルも、ゴルフやピアノと同じように、学習し、繰り返し実行するという訓練をしてはじめて、身につくのです。

身につくまで訓練したものが、他の人にはいかにも自然に見えるのです。

したがって、スキルを習得するチャンスがなかった人はそれを学び、訓練すればいいということになります。

とりあえず、この本の第6章を読んで、学び始めてください。

そして、適切なアサーションができている人の言動を観察してみましょう。どんなスキルがあるのか、どう表現すればよいかがわかり、スキル向上に役立つでしょう。

アサーションのスキルを身につける

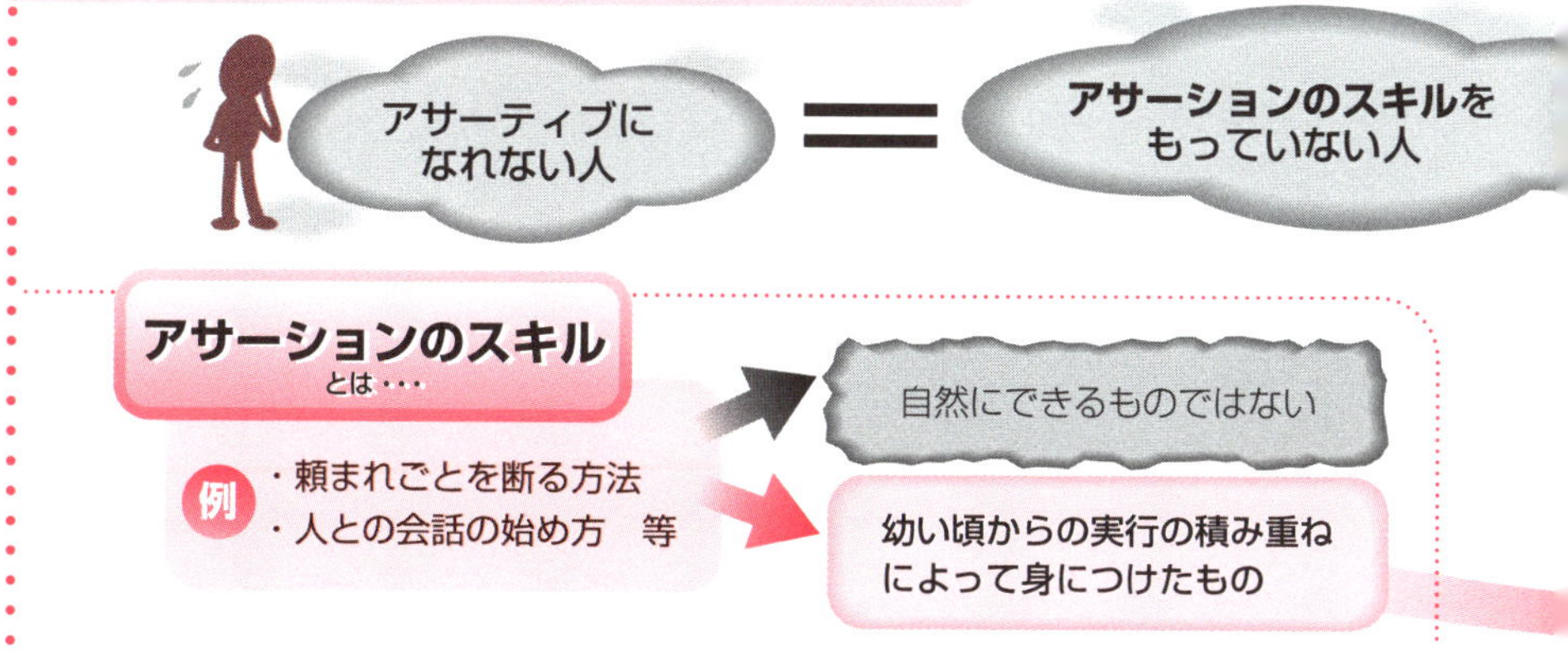
アサーティブになれない人
アサーションのスキルをもっていない人
アサーションのスキル
とは・・・
自然にできるものではない
例
・頼まれごとを断る方法
・人との会話の始め方　等
幼い頃からの実行の積み重ねによって身につけたもの

ポイント　アサーションのスキルは、ゴルフやピアノと同じように訓練をすれば身につく。

6 自分の気持ち、考え方をつかむ方法

「私は」と主語をつけて文章を言う

非主張的な気分になっていると、素直な自分の気持ちがどこかへ消えてしまうことがあります。また、攻撃的な気持ちがあると、素直な自分の気持ちが歪《ゆが》んでしまいます。

　そこで、自分の気持ちや考えをとらえるために、ときどき、「私は」と主語をつけて文章を言う練習をしましょう。

自分の気持ちや考えが明確になる

　たとえば、「どうしよう」と思ったときは「私はどうしたらよいか迷っている」、「にらまれた」と思ったら「私はにらまれたと思った」、「早くしなさい」と言いたいときは「私はあなたに急いでほしい」といった具合です。

　「私は」を主語にして文章をつくると、自分の気持ちや考えが明確になってきます。

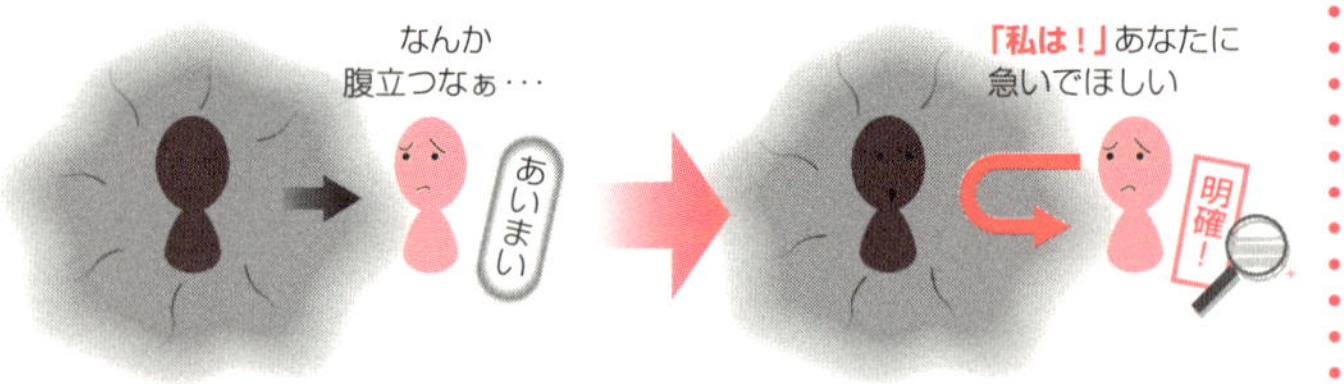
なんか
腹立つなぁ･･･
あいまい
「私は！」あなたに
急いでほしい
明確！

「あなたがにらむから、嫌だ」

「私は、あなたの目を見て
にらまれたと思ったので、怖くなった」

「あなたはグズだから腹が立つ」

「私には、あなたの動きが遅く感じ
られるので、もう少し急いでほしい」

これができるようになると、
自己表現にも変化が出てくる

依存的な気持ちや攻撃的な気持ちがあるのは自分であることがはっきりしたり、相手を非難したいことが、じつは自分の気持ちの押しつけであったりすることがわかります。

自己表現に変化があらわれる

これができるようになったら、自己表現にも変化が出てきます。

「あなたがにらむから、嫌だ」ではなく、「私は、あなたの目を見てにらまれたと思ったので、怖くなった」となるでしょうし、「あなたはグズだから腹が立つ」ではなく、「私には、あなたの動きが遅く感じられるので、もう少し急いでほしい」になるでしょう。

そのような気持ちは自分が起こしていることがわかれば、そのことを明確に伝えることもできやすくなるので、相手にもわかりやすい表現になるのです。

自分の気持ちや考えを相手に脅威を与えずに伝えることが、まさに自分らしさの表現なのです。

「私は」で気持ちを明確にする

自分の気持ちをきちんと相手に伝えるために・・・ → 自分の気持ちを明確にする

「私は」と主語をつけて文章を言う練習

「どうしよう」……「私はどうしたらよいか迷っている」
「違う」……「私は違った意見をもっている」
「うるさい」……「私はうるさいと感じている」
「にらまれた」……「私はにらまれたと思った」
「早くしなさい」……「私はあなたに急いでほしい」

ポイント 「私は」を主語にして文章をつくると、自分の気持ちや考えが明確になってくる。

第4章

誰もが自己表現する権利をもっている

1 自信をもって自分を表現しよう

自信をもてないまま、自分勝手な判断をしないために

日常は何気なく流れているようで、生活を細かく見ていくと戸惑うことが多いものです。

アサーションをしていいかどうか

頼まれごとを「断ってもいいだろうか」と思うことや「これは迷惑にはなりはしないか」と気をつかうこと、「ここで自分の思ったことを言うと、相手の気分を害するだろうか」と躊躇《ちゅうちょ》することなど、どうすればよいかわからないことが数多くあります。

つまり、アサーションをするか否かで迷っているということで、自分の判断に自信がもてないことが大きく影響しています。アサーションをしていいかどうかに自信がもてないとき、もし、私たちに、明確な判断基準があれば、もう少し楽に行動の決断をすることができそうです。

実際、アサーティブでない人を見ていると、自信がなさそうで、しかも自分勝手な判断基準で行動していることがわかります。

自分勝手な判断をしない

非主張的な人は、「断ることはよくない」「迷惑をかけてはならない」「相手の気分を害してはならない」と自分で決め込んでいます。

逆に攻撃的な人は、「やっていいに決まっている」と、これもまた自分本位の思い込みで、相手を押さえます。どちらも知らぬ間に、自他のアサーションの権利を侵しているのです。

この章では、私たちが具体的な言動について迷ったとき、判断をどこですればいいか、どうすれば自信をもってアサーティブになれるのか、について考えていきたいと思います。

自分の判断の基準は？

どうすればよいか
わからないことが数多い
▼
自分の判断に自信がもてないから

明確な判断基準
があれば・・・
▼
少し楽に行動の決断ができそう

	判断基準	
非主張的な人	「断ることはよくない」 「迷惑をかけてはならない」 「相手の気分を害するようなことは言ってはならない」	●自分勝手な判断 ●知らぬ間に、自他のアサーションの権利を侵している
攻撃的な人	「やっていいに決まっている」	
アサーティブな人	常識にとらわれない 決めつけをしない	●判断が自分勝手ではない ●自信ある行動

ポイント アサーティブな人は常識や決めつけを判断基準にしない。

2 誰でもアサーション権をもっている

●誰もがもっているアサーションの権利を認めるところから出発する

アサーションとは、「自他の権利を侵さない限り、自己表現をしてもよい」という意味です。

アサーションは、誰もがもっているアサーションの権利を認めるところから出発するわけです。

よりよい人間関係の基礎

人との信頼、思いやり、親密さなどを育んでいくには、誰もがアサーション権を知り、そこに確信をもつことが大切です。

①頼まれごとを断るとき、罪悪感を感じたりしませんか？

②人から大切にされていないとき、自分が劣っているからだと思ったりしませんか？

③自分の欲求や希望を言うときは、控え目にするべきだと思っていませんか？

④疲れたり、落ち込んだり、嬉しくなったり、腹を立てたり、寂しくなったりしたとき、それを表現してはいけないと思っていませんか？

⑤何ごとにも失敗してはいけないと思っていませんか？

もし、あなたがこのようなことを感じるとするなら、あなたは性、役割、年齢、地位などの固定化されたイメージによる行動をしていて、そのために自信がなくなっているのかもしれません。

自他を差別しない

つまり、人間が生まれながらにして基本的にもっているアサーション権に無自覚で、社会的にあとからつくられたイメージを優先させて、自分の行動を規定している可能性があります。

アサーションは、そのような自他を差別する基準をもたないようにするところから出発します。

よりよい人間関係の基礎

**誰もがアサーションの権利を知り、
そこに確信をもつことが大切**

人から
大切にされていないとき、
自分が劣っているから
だと思う
疲れたり、落ち込んだり、
嬉しくなったり、腹を立てたり、
寂しくなったりしたとき、
それを表現してはいけない
頼まれごとを
断るとき、
罪悪感を感じる
自分の欲求や
希望を言うときは、
控え目にするべきだ
何ごとにも
失敗してはいけない
性役割年齢地位性役割年齢地位性役割年齢地位性役割年齢地位性役割年齢地位性役割年齢地位性
アサーション権に無自覚で、社会的
にあとからつくられた、性、役割、年齢、
地位などのイメージを優先させて、
自分の行動を規定している人たち
このような自他を差別する
基準をもたないようにする
ところから出発する
人間が生まれながらもっている
アサーション権
人との信頼、思いやり、親密さなどを育んでいくための権利

ポイント アサーションとは、「自他の権利を侵さない限り、自己表現をしてもよい」という意味。

3 私たちには、誰からも尊重される権利がある

人間の尊厳は誰からも侵されることはない

人間の尊厳は誰からも侵されることはありません。この人権を納得し、確信できれば、アサーションは当然のことになるはずです。

人権という観点から考え直す

つまり、人間が尊重されることは、人間の気持ちや考え、意見、価値観も尊重されるということですから、私たちは、誰でも欲求をもってよいし、その欲求は、他の人の欲求と同じくらい大切にしてほしいと思ってよいのです。そして、その欲求を大切にしてほしいと頼んでもよいのです。

この人権については、いわれてみればその通りだと思う人は多いでしょう。しかし、ほとんどの人は、わかってはいるものの、なかなか実行できないと思うのではないでしょうか。

もし、あなたが、自分の欲求や希望はもてない、言えないという考えをもっているとすれば、それを人権という観点から考え直してみる必要があります。そのような権利が、もし相手に許されていると思えるならば、あなたにも許されていると思っていいはずです。

小さな葛藤やもめごとは当たり前

つまり、何よりも大切なことは、人権はあなたも相手も同等にもっているということ。あなたも相手も自分の考えや欲求をもってよいわけなので、葛藤が起こる可能性はあるのです。

私たちの日常には小さな葛藤やもめごとは当たり前であり、お互いに一致することのほうが少ないこと、だからお互いの希望を述べ合う権利を大切にし、相互の確認をして、歩み寄ろうとする覚悟が必要なのです。

相互の歩み寄り

「あら、
ちょうどお風呂に入ろうと
していたんだけど、
じゃ迎えに行くわ」
JR

妻、夫の立場上、勝手に
「言ってはいけない」と
思い込んでいた
自分の欲求を示す言葉

言ったことで気分を
悪くするどころか、
かえって自分を
わかってくれた夫

「風呂に入ろうと
していたんだろう、
入ってくれば」

「日常の小さな葛藤や
もめごとは当たり前」
を前提に、自分の欲求
や希望を述べ合うこと
は大事

ポイント
**お互いの希望を述べ合う権利を大切にし、
相互の確認をして、歩み寄ろうとする。**

4 私たちは、他人の期待に応えるかどうか決める権利がある

●あなたは、自分自身についての最終的判断権をもっている

あなたは、自分自身についての最終的判断権をもっています。

あなたは、自分がどんなふうに感じ、どう考え、どんな行動をとるかについて、決めたり、判断したりしてよいのであり、その結果について、責任をとることができるのです。

あなたの感じ方はあなたのもの

少し極端に言えば、他人がどう思おうと、あなたの感じ方や考え方はあなたのものであり、他人と同じ感じ方や考え方をしなければならないということはありません。

また、それを主張する権利も変える権利もあなたにあるということです。

したがって逆に、他者も自分の行動を決める権利をもっていますので、あなたは他人を変えるこ

行きたくなかったのに・・・

家族に何と言いわけをしよう

◆家族に理解してもらうのもあなたの責任

◆家族に恨まれることを含めて覚悟するのもあなたの責任

同僚は気を悪くしたかな・・・

家族と変な約束をしなければよかった

◆同僚に悪く思われることを覚悟するのもあなたの責任

◆誘いを断ったのは家族の責任ではない

●後悔は、自分の決断に責任をとっていないこと

とはできないということです。

ある共働きの中年の女性の例です。

彼女は、共働きでありながら、ほとんどの家事を一手に引き受けていて、とくに毎日の夕食の支度が負担でした。

しかし、夫はほとんど料理をしたことがなく、彼女はいまさら分担を言い出すのも面倒で、この状況では自分の義務としてやるしかないと思い込んでいました。

自分の行動を決める権利

ところが、アサーション・トレーニングで、自分の行動を決める権利は自分にあることを学んだとき、考えがすっかり変わったというのです。

つまり、「夕食の支度をするかどうかを決める権利は自分にあるのだ。やるしかないのではなくて、やってもよいのであり、逆にいつでも止めてよいのだ」とわかった途端、おもしろいことに、夕食をつくることがそれほど負担でなくなったというのです。

「飲んで帰ろう」と誘われたら

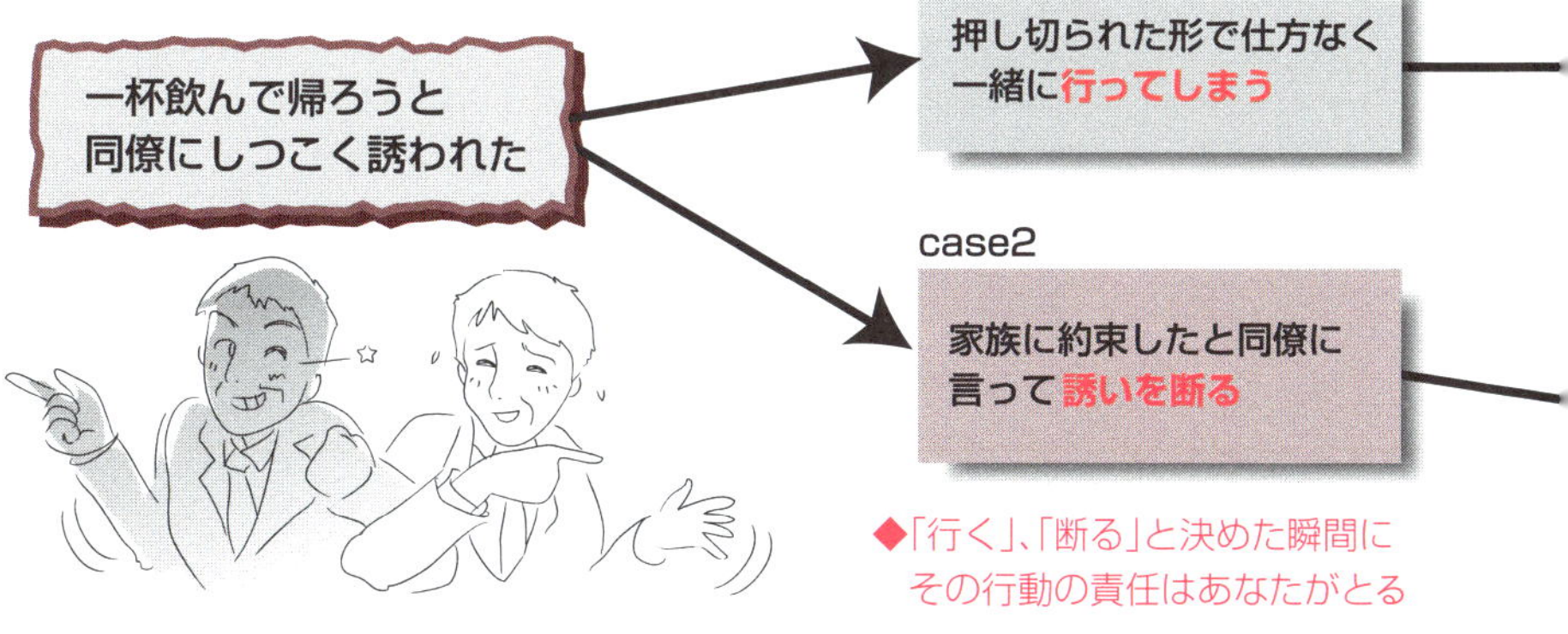
一杯飲んで帰ろうと
同僚にしつこく誘われた
case1
押し切られた形で仕方なく
一緒に行ってしまう
case2
家族に約束したと同僚に
言って誘いを断る

◆「行く」、「断る」と決めた瞬間に
その行動の責任はあなたがとる

ポイント　あなたの感じ方や考え方はあなたのもの。

5 私たちは誰でも過ちをし、それに責任をもつ権利がある

●神ならぬ人間は完璧ではありえないので、失敗はしてもいい

神ならぬ人間は完璧ではありえないので、失敗はしてもいいのです。そして、その失敗、その結果には責任をとることができるのです――これは「人間である権利」といわれています。

人間は完璧ではありえない

完璧でない人間のとれる責任も限られています。だから人間として失敗したことには、義務としてとる責任はありません。もし、責任をとることが義務とするならば、完璧に返せないような失敗はできないし、したがって失敗するようなことはしないということになってしまいます。

失敗をしてはならないと思っていると、失敗するような人間はダメ、たいしたことないという評価になります。自分がダメにはなりたくないので、失敗を認めることができなくなります。

失敗したことを隠したくなるとき、それは自分がダメというレッテルをはられたくない心理が働いている可能性があります。

さらに、失敗をしてはならないとすれば、失敗したとき、責任をとることが大変です。してはならない失敗の責任は、成功しかないからです。

失敗してもいい

失敗してはならないという前提でものごとを進めると、責任をとることが義務になります。成功の可能性が保証されていない、義務としての責任がともなうことはしたくないのが当然です。

失敗はしてもいい、そしてそのことに責任をもってもよい、という人権があるから、私たちは、逆に成功するまで試行錯誤ができるのではないでしょうか。

失敗してもいい

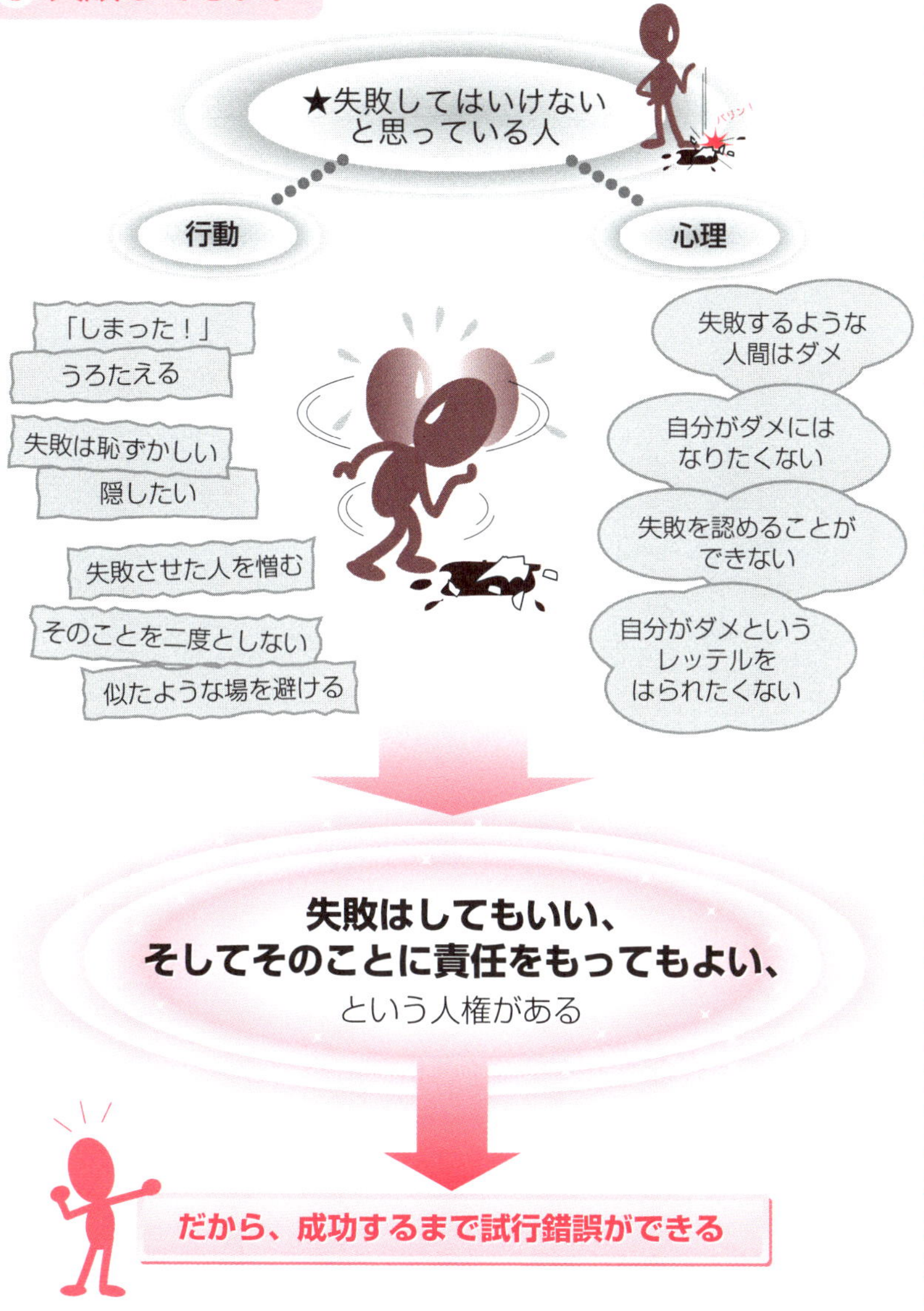
★失敗してはいけない
と思っている人
行動
心理
「しまった！」
うろたえる
失敗は恥ずかしい
隠したい
失敗させた人を憎む
そのことを二度としない
似たような場を避ける
失敗するような
人間はダメ
自分がダメには
なりたくない
失敗を認めることが
できない
自分がダメという
レッテルを
はられたくない
失敗はしてもいい、
そしてそのことに責任をもってもよい、
という人権がある
だから、成功するまで試行錯誤ができる

ポイント
神ならぬ人間は完璧ではありえないので、
失敗はしてもいい。

6

私たちには、支払いに見合ったものを得る権利がある

●診療費を払っているのなら、医者に自分の要求や聞きたいことを言っていい

私たちが買い物をしたり、サービスを受けたりするとき、支払いに見合ったことを要求できます。この権利は、当たり前のようでいて、実際には十分行使できていない人が多いようです。

攻撃的にならずに要求する

たとえば、医者に行って、きちんと診療費を払っているのなら、自分の要求や聞きたいことを言ってよいのですが、十分言えず、何のためだかわからない注射をされ、効かない同じ薬をもらって帰ってきてしまうことはないでしょうか。

こんなとき、アサーション権を思い出してほしいのです。

ただし、攻撃的になるのはやめましょう。相手にも失敗する権利があります。相手を尊重したアサーティブな要求が何よりも大切です。

支払いに見合ったことをきちんと要求する
攻撃的に要求するのは✕
質問
も、もう
いいです・・・
権
威
権利を十分行使できていない
アサーティブに要求する○
相手を
尊重
相手を
尊重
多くの場合わかってもらえる

アサーティブに要求して、それでも相手が拒否するときは、再びアサーティブに要求を繰り返してみましょう。多くの場合、要求がわかってもらえます（相手が攻撃的な場合のアサーションについては、第8章で、あらためて述べます）。

相手のためにも役立つ権利

私の体験ですが、あるとき八百屋さんでじゃがいもを買って帰りました。

いざ調理をしようとして二つに切ったところ、なかが真っ黒でした。二つ目も三つ目も同じでした。そこで、私はじゃがいもを持って、八百屋さんに行き、結果を伝え、取り替えてもらう交渉をしました。

よいじゃがいもに替えてもらえたのみならず、「こんなもの売っていたとは知りませんでした」と、大変感謝され、おまけまでいただいて帰ってきました。

この権利は、自分のためだけでなく、相手のためにも役立つことがあるようです。

アサーティブに要求する

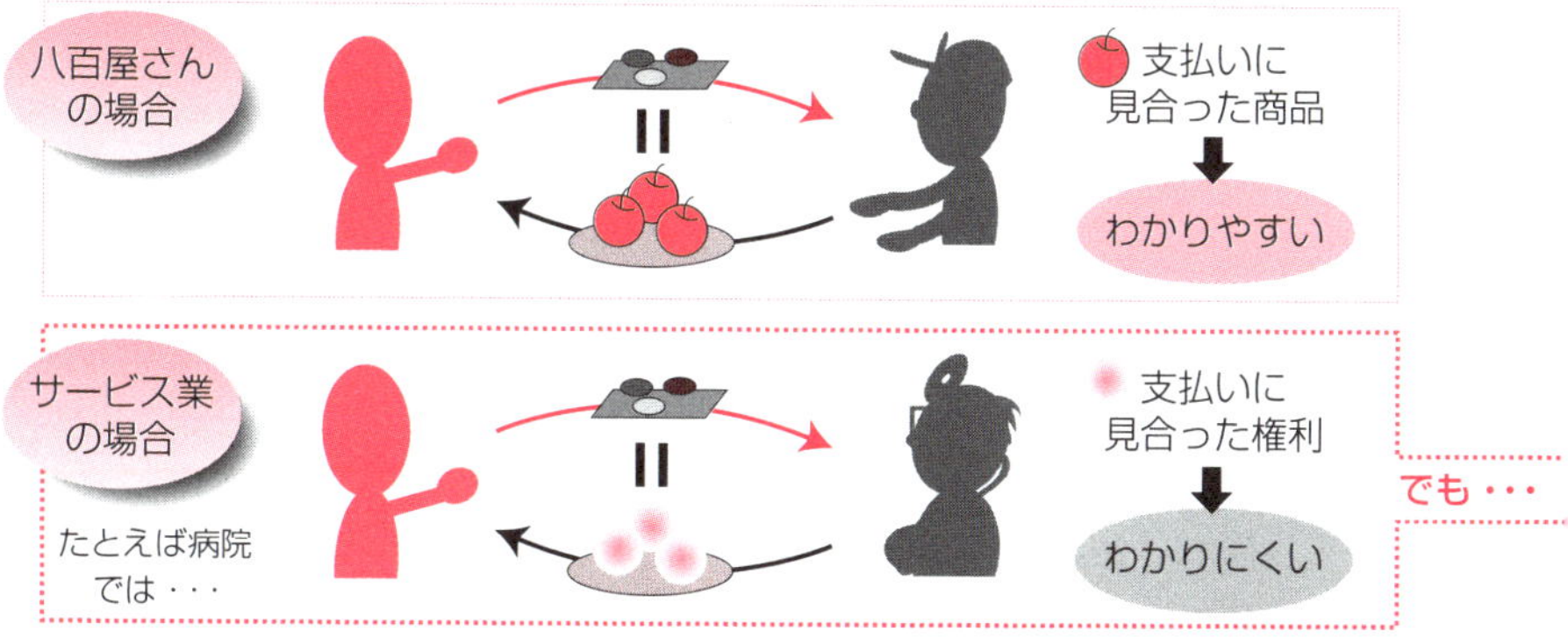
八百屋さんの場合
支払いに見合った商品
わかりやすい
サービス業の場合
たとえば病院では・・・
支払いに見合った権利
わかりにくい
でも・・・

ポイント 私たちは、支払いに見合ったことを要求できる。

7

私たちには、自己主張をしない権利もある

●アサーションするもしないも、自分の責任で選べばよい

「アサーションしてよい」となると、つい「アサーションしなければならない」になってしまう人がいます。しかし、アサーティブにしないことも選べるのです。

アサーションしなくてもいい

アサーションするもしないも、相互尊重の精神の下で自分の責任で選べばよいし、その結果も引き受ければよいのです。つまり、「アサーションしない」ことは、非主張的な人が、主張できないことで落ち込んだり、相手を恨んだりすることではありません。自分が「しない」と決めたのですから、それは相手の責任にはならないのです。

たとえば、お蕎麦屋さんに入って、たぬきそばを注文したとします。ところがきつねそばが出てきました。そこで、自分の注文したものに取り替えてもらいたいと言うことは、アサーションです。しかし、急いでいるので新たな注文ができるまで待てない場合、きつねそばを食べてしまおうと決心しても構わないのです。つまり、注文通りのものを頼むのもアサーション、頼まないと決心するのもアサーションです。

アサーションしない権利を使う

このように、時間のロスを考えるとアサーションに値しないと思ったとき、アサーションしない権利を使うことができます。ただ、そこで大切なことは、先にも述べた通り、その権利を使ったあと、相手を恨まないことです。

アサーティブとは、主張することだけではなく、主張しない決心をすることでもあることを覚えておきましょう。

アサーションしない権利

あっ・・・
きつね、だ・・・
たぬき・・・
頼んだのに・・・
時間が・・・
ある
ない
●アサーション権
注文通りのものを頼む
●アサーションしない権利
頼まないと決心する
★どちらに権利を使ってもOK!
ありがとう
すいませんでした！
まったく！
もう！
？
自分で決めたことなので、
この権利を使ったあとは、
相手を恨まない

ポイント　アサーティブとは、主張しなかったり、引っ込んだりすることでもある。

第5章

「思い込み」をなくすと生きやすい

1

日頃の考え方をチェックしてみよう

●落ち込む原因はどこにあるのだろう?

アサーティブな言動には、ものの見方、考え方が影響します。まず、あなたの日頃の考え方を調べてみましょう。次の問いに答えてください。七四ページ以降であなたの思い込みについて考えてみましょう。

〔回答記号〕

1 ：非常に当てはまる
2 ：かなり当てはまる
3 ：どちらともいえない
4 ：あまり当てはまらない
5 ：全然当てはまらない

Q1	自分のすることは、誰からも認められなければならない。	□
Q2	人は常に有能で、適性があり、業績を上げなければならない。	□
Q3	人の行いを改めさせるには、かなりの時間とエネルギーを費やさなければならない。	□
Q4	人を傷つけるのは非常に悪いことだ。	□
Q5	危険や害がありそうなときは、深刻に心配するものだ。	□
Q6	人は誰からも好かれなくてはならない。	□
Q7	どんな仕事でも、やるからには十分に、完全にやらなくてはならない。	□
Q8	人が失敗したり、愚かなことをしたとき、頭にくるのは当然だ。	□
Q9	人が間違いや悪いことをしたら、非難すべきだ。	□
Q10	危険が起こりそうなとき、心配すれば、それを避けたり、被害を軽くしたりできる。	□

□の中に数字で回答を書いてください。あまり考え込まず、全部の文章について、日頃の自分の考えを正直に出してみましょう。

合理的な思い込みと非合理的な思い込み

さて、「論理療法」の創唱者A・エリスの「A−B−C−D理論」を紹介します。

A（Activating event）＝ものごとを引き起こすような出来事

B（Belief）＝信念、思い込み

C（Consequence）＝結果、問題、悩み、症状

D（Dispute）＝論破、論駁《ろんばく》

「A−B−C−D理論」でエリスの考え方を説明すると、私たちは、問題や悩み（C）が、それを引き起こすような出来事（A）によって引き起こされると考えがちだが、実はAをどんな考え方で受け止めたか（B）の影響で、Cは引き起こされているということになります。

つまり、問題や悩みの起こるプロセスは、A→CではなくA→B→Cなのです。

たとえば、誰かがあなたを嫌いだと言った（A）ので、あなたは落ち込みました（C）。

一般的には、嫌われたので落ち込んだ（A→C）と考えますが、エリスは、嫌われたということは落ち込むような出来事である、という信念の影響を受けて落ち込む（A→B→C）というプロセスになっているといいます。

ただし、Bには、合理的な思い込みと非合理的な思い込みがあります。とくに非合理的な思い込みは、現実的ではなく、その結果、問題や悩みがつくられやすくなります。

嫌われた（A）のは残念だが、仕方がない（B）なら、それほど落ち込まない（C）でしょう。

思い込みをチェックしよう

もし、非現実的、非合理的な思い込みでものごとを受けとめていると、結果（C）も非現実的、非合理的なものになります。

エリスは、そうならないように、その考えを、論破・論駁（D）する必要があると言っています。理性を駆使して、そのような考えを止める努力をするわけです。

2

「非合理的思い込み」が悩みを引き起こす

あなたの非合理的思い込みはどうなっているか考えてみよう

それでは、あなたの非合理的思い込みはどうなっているか、先ほどの問題を検討しながら考えてみましょう。あなたの日頃の言動には、どんな考え方がどのように影響しているかを知ることができるでしょう。

日常生活に問題はないか

七二ページの問題をもう一度見直してみましょう。それぞれの文章の回答は1〜5のうちどの数字が多いですか。

もし、回答が4と5になっていれば、その項目については、あなたは、合理的、現実的な考えをしていることになります。

回答が1または2の項目は、あなたの非合理的考え、思い込み、否定的自己説得を示しています。

読者のなかには、その考えがあまりにも当たり前になっているため、1とか2になったその項目がどうして非合理的なのか、どこが現実的でないのかわからない人もいるかもしれません。

そこで、それぞれの項目について、そのような考え方をしていることで、日常生活に問題はないか、考えを合理的にすることによって今までよりも楽に生きられないか、検討してみましょう。

どこに非合理的思い込みがあるか

問題項目は、大きく五つの領域に分けられます。1と6、2と7、3と8、4と9、5と10は同じ内容を述べていることになります。

したがって、もし、それぞれの二項の回答が1または2の場合、その領域について非合理的思い込みをしていることになります。

あなたの非合理的思い込みは？

●前項の問題の検討

回答：4、5
あなたは、合理的、現実的な考えをしている

〔回答記号〕
1：非常に当てはまる
2：かなり当てはまる
3：どちらともいえない
4：あまり当てはまらない
5：全然当てはまらない

Q1	自分のすることは、誰からも認められなければならない。	4
Q2	人は常に有能で、適性があり、業績を上げなければならない。	5
Q3	人の行いを改めさせるには、かなりの時間とエネルギーを費やさなければならない。	5
Q4	人を傷つけるのは非常に悪いことだ。	1
Q5	危険や害がありそうなときは、深刻に心配するものだ。	1
Q6	人は誰からも好かれなくてはならない。	5
Q7	どんな仕事でも、やるからには十分に、完全にやらなくてはならない。	5
Q8	人が失敗したり、愚かなことをしたとき、頭にくるのは当然だ。	4
Q9	人が間違いや悪いことをしたら、非難すべきだ。	1
Q10	危険が起こりそうなとき、心配すれば、それを避けたり、被害を軽くしたりできる。	2

問題の内容は5つの領域に大別される
Q1 Q6　Q2 Q7　Q3 Q8
Q4 Q9　Q5 Q10

回答：1、2
あなたの非合理的考え、思い込み、否定的自己説得を示している

3 人は誰からも愛されなければならない？

人に好かれるにこしたことはないが、必ず好かれるとは限らない

これは、問題の1と6が述べている非合理的思い込みです。人は誰からも、いつでも愛されたいと望むものです。しかし、それが「ねばならない」になると問題です。

八方美人になってしまう

「愛され、受容されねばならない」という思い込みは、まず非常に非現実的で、非合理的です

この思い込みをしていると、人に嫌われないようにするために、自分の意見や希望は言わず、人には逆らわないよう努力し、もめごとを避けるようになります。

相手の気に入るような行動をとり、その場の相手によって自分の行動が変わります。つまり「八方美人」になるわけです。

この思い込みを合理的にするには、「人に好か

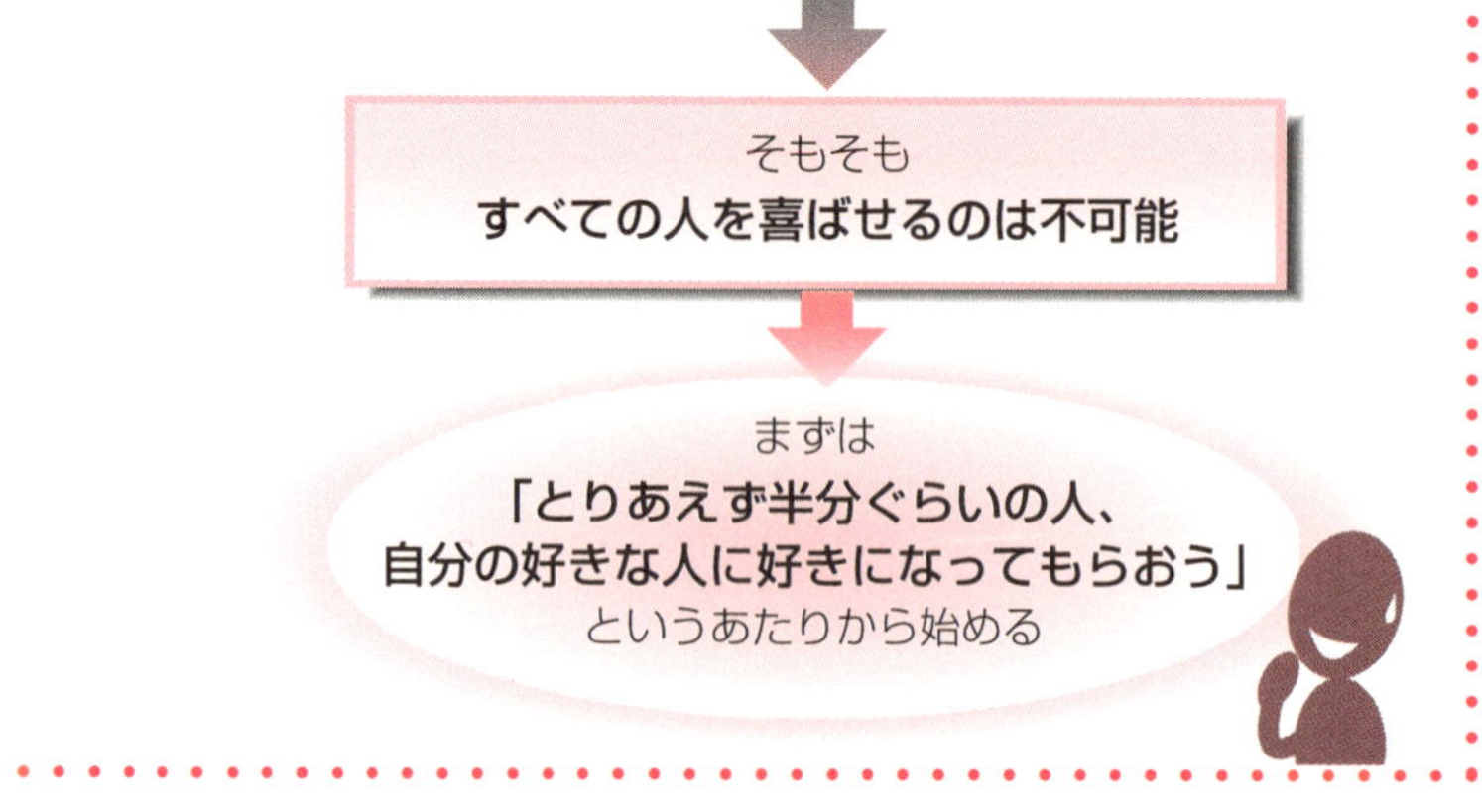
非常に非現実的で
非合理的
そもそも
すべての人を喜ばせるのは不可能
まずは
「とりあえず半分ぐらいの人、
自分の好きな人に好きになってもらおう」
というあたりから始める

れるにこしたことはないが、必ず好かれるとは限らないし、まして、好かれなければならないことはない」と変えることです。

半分ぐらいの人に好きになってもらおう

もし好かれないことがあっても、それは自分の問題なのか相手の問題なのかを考えることです。自分が問題であれば、自分を変えてもよいし、変えないで好かれないことを選んでもよいのです。

相手があなたのどうしようもないことを好きでないと言うのであれば、それは相手の問題として相手に解決してもらうしかないかもしれません。また、あなた自身が相手とつき合わない決心をしてもいいのです。

すべての人を喜ばせるのは不可能です。

だから、まず今の自分を最大限に発揮して、「とりあえず半分ぐらいの人、自分の好きな人に好きになってもらおう」というあたりから始めることです。

「八方美人」になる考え方

問題の解説 Q1 自分のすることは、誰からも認められなければならない。
Q6 人は誰からも好かれなくてはならない。

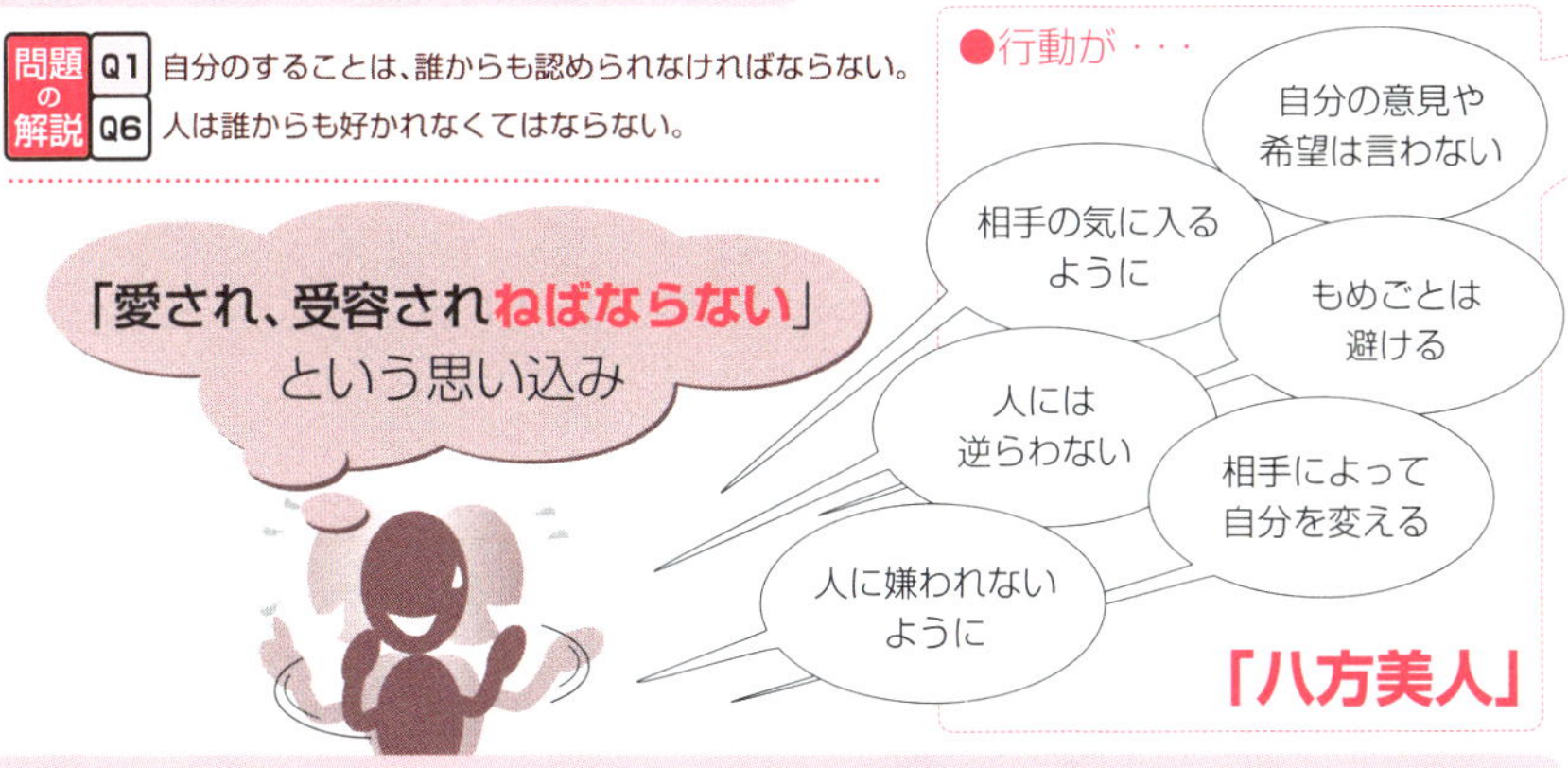
●行動が・・・
「愛され、受容されねばならない」という思い込み
自分の意見や希望は言わない
相手の気に入るように
もめごとは避ける
人には逆らわない
相手によって自分を変える
人に嫌われないように
「八方美人」

ポイント 人に好かれるにこしたことはないが、必ず好かれるとは限らない。

4 人は失敗をしてはならない？

●やりたいことをやり、できたことを喜ぶ心をもとう

これは、問題の2と7にかかわる思い込みで、「失敗恐怖」から生じます。

失敗して叱られた、失敗したので少し遠回りをしたなどの体験があって、それを重大事件のように思い込んだ結果つくられたものです。

致命的なことはほとんどない

よく考えてみると、そのことが文字通りに致命的ということはほとんどないはずです。にもかかわらず、この考え方の人は、人は常に最大限に能力を発揮し、適切に行動し、よい成績を上げなければ認めてもらえないと思っています。

したがって、失敗した自分、失敗した相手を責めます。責められるのは嫌なので、ますます完全癖になっていくのです。

テニスをすれば上手でなければならないから、上手にできそうもないので止める、つまり楽しみのテニスはできなくなります。職場では成績を上げ、上司に認められなくてはならないから、夜遅くまでがんばる、だから自分のアイデアや工夫で楽しむ働きはできなくなります。

できることをして、それを受けとめる

青々とした芝生を見て、「綺麗だね」といい気持ちになる人と、「あそこに一本雑草がある」と言う人とでは、どちらが幸せだと思いますか。

失敗を少なくし、よい成績を出そうとするのは望ましいことです。しかし、常にそうでなければならないことはなく、できることをする、それを自分のしたこととして受けとめていいのです。

やりたいことをやり、できたことを喜ぶ心をもちたいものです。

「失敗恐怖」から生じた思い込み

問題の解説
Q2 人は常に有能で、適性があり、業績を上げなければならない。
Q7 どんな仕事でも、やるからには十分に、完全にやらなくてはならない。

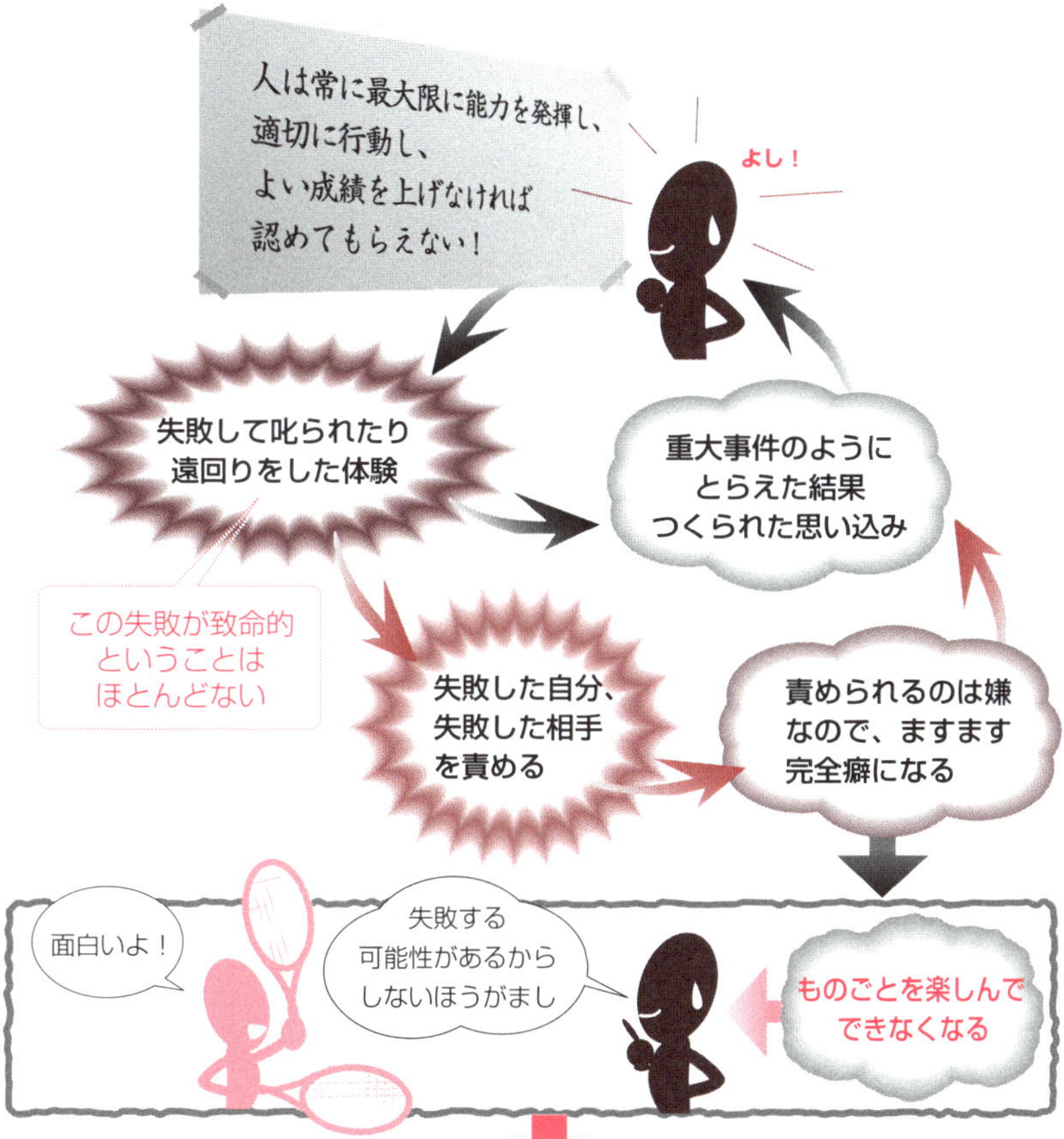

人は常に最大限に能力を発揮し、適切に行動し、よい成績を上げなければ認めてもらえない！
よし！
失敗して叱られたり遠回りをした体験
重大事件のようにとらえた結果つくられた思い込み
この失敗が致命的ということはほとんどない
失敗した自分、失敗した相手を責める
責められるのは嫌なので、ますます完全癖になる
面白いよ！
失敗する可能性があるからしないほうがまし
ものごとを楽しんでできなくなる

できることをする、それを自分のしたこととして受けとめていい

ポイント
やりたいことをやり、できたことを喜ぶ心をもとう。

5

思い通りに事が運ばないのは致命的？

●状況を改善する方向を探れば、そこに道が開かれていく

問題の3と8に関する思い込みですが、多くの人の「欲求不満」はここからきています。

相手を責め、相手を変えようとする

この考え方をする人は、自分の思いと違ったことが起こるのを嫌います。病気になったらイライラし、子どもの成績が悪いと言って怒り、妻が言うようにしなかった、夫が勝手だと言って腹を立てます。そして、思い通りにいかないのであれば、死んだほうがましだとか、全部ないものにしてしまおうと思ったりするのです。

思い通りにしたい人は、すぐ相手を責め、相手を変えようとします。親子喧嘩や夫婦喧嘩を見ていると、相手を思い通りに動かしたい気持ちから出ていることがほとんどです。

この世には、気質の違った人、好き嫌いや考え方の違った人が生きているのですから、思い通りにならないほうが当たり前なのです。

過去と他人は変えられない

「過去と他人は変えられない」（E・バーン）のです。自分の過去を変えることはできませんが、今からの人生を変えることはできます。

また、あなたが他者を変えることはできないのです。ただし、変わってほしいことをお願いしてみることはできます。その気になれば、相手が変わることはあるのです。しかし、それは相手が自分の意思で変わったことであって、あなたが相手を変えたことにはならないのです。

思い通りにならないことに苛立ったり、致命的だと放棄したりせず、状況を改善する方向を探れば、そこに道が開かれていくでしょう。

「欲求不満」の原因になる考え方

問題の解説 Q3 人の行いを改めさせるには、かなりの時間とエネルギーを費やさなければならない。
Q8 人が失敗したり、愚かなことをしたとき、頭にくるのは当然だ。

Ｂさんの言葉で傷ついたＡさん

……!
ガーン
Ａさんって〇〇だね！
A
B

普段から人を傷つけまいと努力し、配慮しているＢさん

やっとの思いでＢさんにそれを伝える

き、傷つきました
そんなつもりはなかった
A
B

自分の言葉で人を傷つけたことが信じられない

わかってもらえないことに、再び傷つく

ガーン
え!?
A
B

Ｂさんは、Ａさんのことを思いやる前に、自分の弁護をしてしまった

自分では傷つけていないつもりになっている

さらにたちが悪い自己矛盾をもった考え方

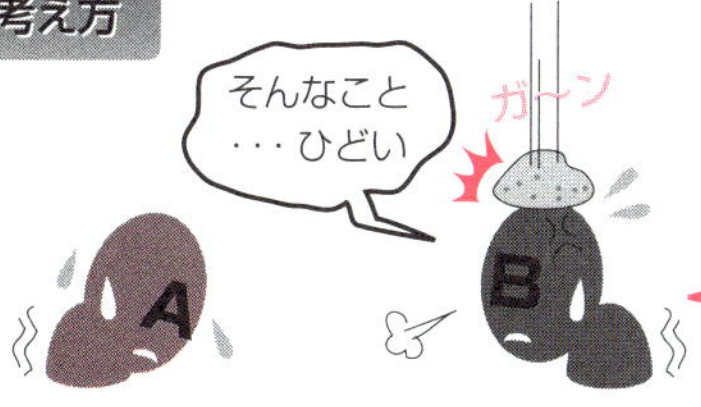
そんなこと…ひどい
ガーン
A
B

「傷ついた」と言われたことで自分が傷つくので、逆に相手を責める

ポイント **思い通りにならないことに苛立ったりしないで、状況を改善する方向を探ろう。**

6 決して人を傷つけてはならない？

●傷つけてしまうこともあり得ることを心にかける

この思い込みは、問題の4と9に関係があります。この思い込みをもっている人は、人を傷つけまいと細心の注意を払っています。

だから、傷つけるような言動に対しては、自分にも他者にも厳しくなります。この信念は、人を「責め」「非難」するとき、その正当な理由として使われます。

配慮のない人に対する攻撃心をもつ

この思い込みをもつ人は、人と接するとき、傷つけないように気をつかい、控え目にものを言い、いつも相手の様子をうかがって行動します。

一見配慮に満ちているようですが、その裏には配慮のない人に対する攻撃心が潜んでいるという矛盾を抱えています。

つまり、配慮しながら、配慮のない人を責めた

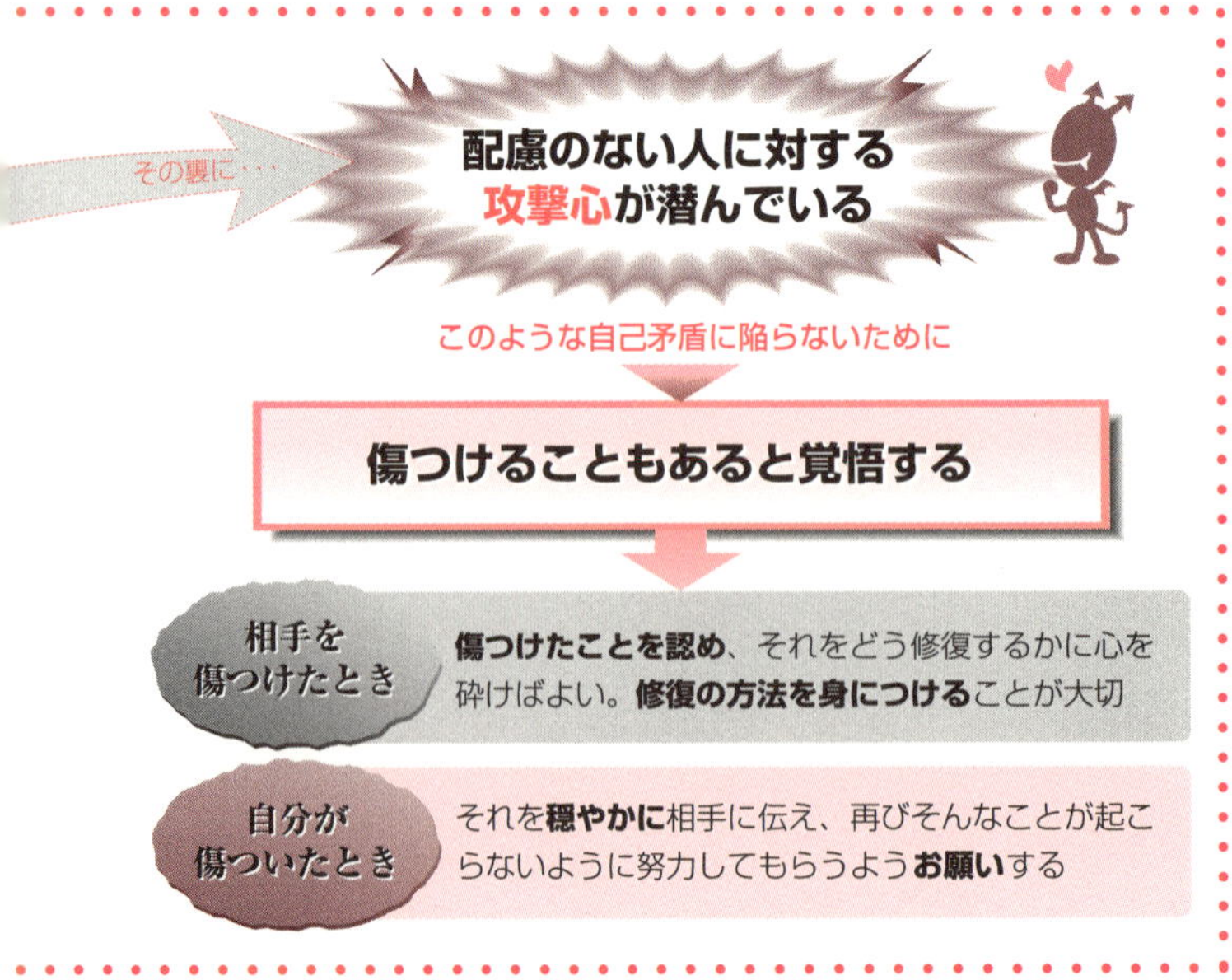

その裏に・・・
配慮のない人に対する
攻撃心が潜んでいる
このような自己矛盾に陥らないために
傷つけることもあると覚悟する
相手を傷つけたとき
傷つけたことを認め、それをどう修復するかに心を砕けばよい。修復の方法を身につけることが大切
自分が傷ついたとき
それを穏やかに相手に伝え、再びそんなことが起こらないように努力してもらうようお願いする

くなるという心理です。

このような自己矛盾に陥らないためには、人を傷つけないにこしたことはないけれども、傷つけることもあり得ると覚悟することです。

フォローの方法を身につける

私たちは、相手がどんなところで傷つくかわからないことが多いのです。

いくら気をつけていても、相手を傷つけてしまうこともあるのです。そんな場合は、傷つけたことを認め、それをどう修復するかに心を砕けばよいのです。

傷つけまいと必死になるよりも、傷つけてしまうこともあり得ることを心にかけ、そのときの後始末の方法を身につけることが大切です。

また、自分が傷ついたときは、それを穏やかに相手に伝え、再びそんなことが起こらないように努力してもらうようお願いします。そこで、相手を責めたり、非難したりすることはないわけです。

傷つけることもあると覚悟する

問題の解説
Q4 人を傷つけるのは非常に悪いことだ。
Q9 人が間違いや悪いことをしたら、非難すべきだ。

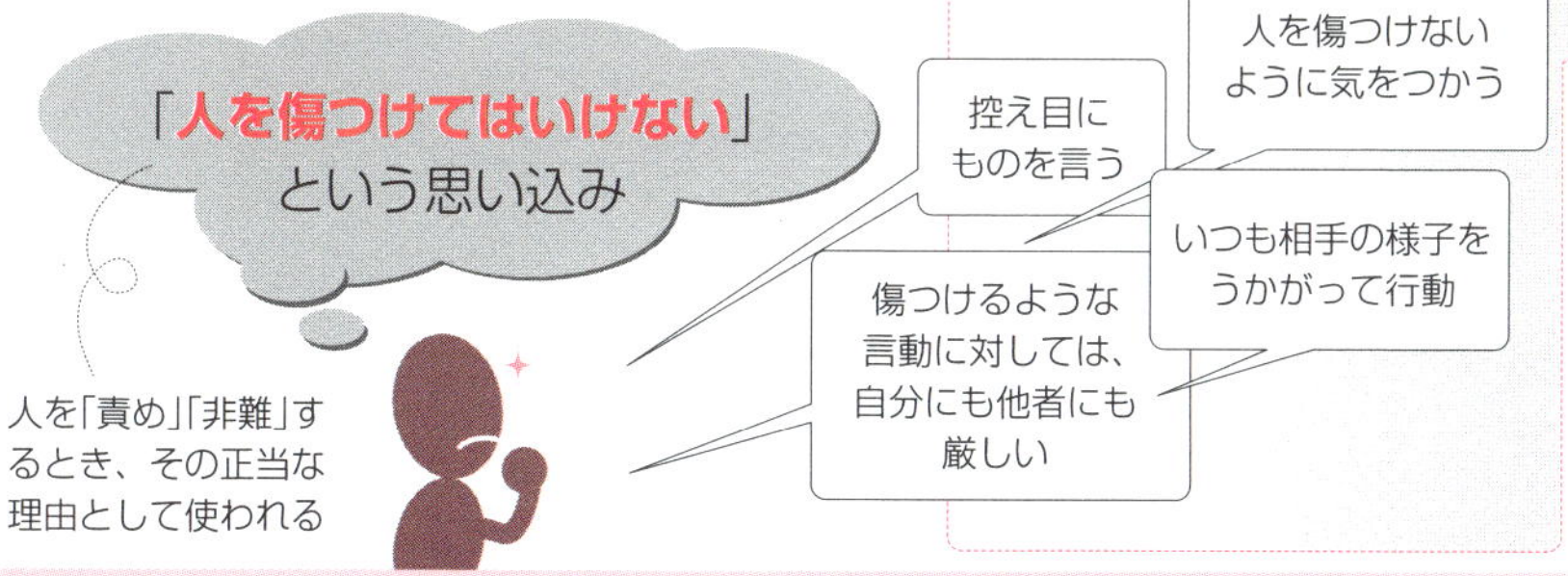
「人を傷つけてはいけない」
という思い込み
人を「責め」「非難」するとき、その正当な理由として使われる
●人と接するとき・・・
人を傷つけないように気をつかう
控え目にものを言う
いつも相手の様子をうかがって行動
傷つけるような言動に対しては、自分にも他者にも厳しい

ポイント 人を傷つけないにこしたことはないけれども、傷つけることもあり得ると覚悟する。

7 不安になると、何もできなくなる？

●どうにかできると思うことが、危機を乗り切る力と能力を生み出す

問題の5と10の思い込みです。「不安」はコントロールできない、不安なときはパニックに陥るものだという考えは現実的ではありません。

理性的、現実的に考えてみよう

不安は、そもそも非現実的な心配から起こります。「……が起こったらどうしよう」といった言葉で意識されますが、その「……が起こる」は、「電車が止まったらどうしよう」とか、「地震が起きたらどうしよう」「自分がパニックになって何もできなくなったらどうしよう」といった、最悪の事態を想像した先取り不安が主です。

「どうしよう」の内容は、致命的でも回復不可能でもないことが多いのです。理性的、現実的に考えると、電車が止まったら、どうしようもないわけではなく、どこかに行けないか、遅れるだけのことです。パニックになっても、人は何かはできますし、何もできなくなっても、気持ちを落ち着けて、再度取りかかればよいのです。「どうしようもない」と思い込む前に、「どうにかなるものだ」と思っていると、方策は見つかります。

心配しても対策がないこともある

危険や恐怖に対しては、筋道を立てて考え、問題を予測し、できる限りの解決策を考えておくしかありません。それでも、まだ対応できないことが起こった場合、それは前もって心配しても対策がないほど重大なことであると思ってあきらめるしかないでしょう。

どうしようもないと思うのではなく、どうにかできると思うことが、危機を乗り切る力と能力を生み出すコツです。

致命的でも回復不可能でもない

問題の解説 Q5 危険や害がありそうなときは、深刻に心配するものだ。
Q10 危険が起こりそうなとき、心配すれば、それを避けたり、被害を軽くしたりできる。

「不安」はコントロールできない

不安なときはパニックに陥るものだ

という考えは・・・

現実的ではない

●不安は主に
●非現実的な心配
●最悪の事態を想像した先取り
から起こる

「……が起こったらどうしよう」

例えば

「電車が止まったらどうしよう」
「地震が起きたらどうしよう」
「自分がパニックになって何もできなくなったらどうしよう」

現実的には

どこかに行けないか、遅れるだけのこと

気持ちを落ち着けて、再度取りかかればよい

致命的でも回復不可能でもないことが多い

ポイント 「どうしようもない」と思い込む前に「どうにかなるものだ」と思っていると、方策は見つかる。

第6章

言いたいことを上手に伝える方法

1 日頃の言動をチェックしてみよう

●アサーションの度合を五段階に分けて検討してみよう

左ページの質問に答えてください。それぞれの文章のあとにある最も自分に合った記号を○で囲んでください。あなたのアサーション度を知る手がかりになるでしょう。

どのような場面が苦手か

このリストは、私たちが日頃よく出合う場面を取り出し、アサーションを要求される状況に気づき、今後意識していただこうと思ってつくったものので、テストではありません。したがって正しい答えもありません。

第2章にあげたチェックリストと合わせてみると、自分がどこでアサーションができているか、どのような場面が苦手か、どんなときアサーションしたいかを理解することができると思います。

このリストでは、あなたのアサーションの度合を五段階に分けて検討します。

アサーティブな表現を考えよう

とりあえず、むずかしい相手や場面ではなく、比較的やりやすいものを記憶しておいて、今後そんな場面に出合ったとき、状況や自分の言動、気持ちなどを意識して覚えておきましょう。そして、次にそのような場面に出合ったとき、どんなアサーティブな表現があるかを考えてみましょう。

そのように状況や場面を意識し、自分の言動に気づくだけでも、アサーションには役立ち、徐々にアサーティブな言動が増えていきます。

そして、その方法ではできないこと、またこのリストで非常にむずかしいと印をつけたことについては、これから述べるアサーティブな表現法を参考にしてください。

こんなとき、どうしますか？

〔回答記号〕

A＝全然しない
B＝多少、たまにする
C＝半分ぐらいする
D＝よく、頻繁にする
E＝ほとんどいつでも、間違いなくする

1	人が不当なことをしたとき、そのことを言いますか。	A・B・C・D・E
2	並んでいるところに割り込まれたら、それを言いますか。	A・B・C・D・E
3	自分の考えや気持ちを把握していますか。	A・B・C・D・E
4	感情的になりますか。	A・B・C・D・E
5	話し合いの席で、意見を言いますか。	A・B・C・D・E
6	デパートで自分の後ろから来た人に先を越されてサービスされたとき、店員にそのことを言いますか。	A・B・C・D・E
7	あなたからお金を借りた人が返却日になっても返さなかったとき、請求しますか。	A・B・C・D・E
8	議論をしていて、自分の意見が認められなかったとき、それでも自説を言い続けますか。	A・B・C・D・E
9	社交的な場面で、「壁の花」になりがちですか。	A・B・C・D・E
10	他の人の決定や選択に入り込んで、代わりにしてあげることがありますか。	A・B・C・D・E
11	愛情を相手にオープンに示しますか。	A・B・C・D・E
12	友人に助けを求めたり、ちょっとした頼みごとをしますか。	A・B・C・D・E
13	自分の考えに間違いないと主張しますか。	A・B・C・D・E
14	あなたの尊敬する人と意見が違ったとき、自分の意見を言いますか。	A・B・C・D・E
15	人を誉めますか。	A・B・C・D・E
16	他の人が言葉につまったとき、あなたが代わりに言ってあげますか。	A・B・C・D・E
17	自分の思いを遂げるために、他人に大声で命令したり、怒鳴ったりしますか。	A・B・C・D・E
18	家族で食事をしているとき、会話を独占しますか。	A・B・C・D・E
19	初対面の人に会ったとき、自分のほうから声をかけますか。	A・B・C・D・E
20	人前やいろいろな場に出て行くことをためらいますか。	A・B・C・D・E

2 言葉で表現することの上手な人・下手な人

●私たちは出合った場面や状況のなかで言い方を学んでいく

言葉は私たちの強力な伝達手段です。アサーションとは、簡単にいうと、私たちが思っていることや感じていることをどのように言葉に出して表現するか、ということです。

適切な言葉や言い方を知る

言葉によって私たちが自分の思いを伝達するには、それを表現するための適切な言葉や言い方を知っていなければなりません。

私たちは、ある場面や状況に出合ったとき、どのような言葉を使い、どのような表現法をすればそこで自分の欲求が満たせるかといった必要に迫られて、言い方を学んでいきます。

しかし実際は、私たちはあらゆる場面に出合っているわけではなく、出合ったとしてもそのつど適切な表現法を学んでいるわけではありません。

場面に慣れることが大事

コミュニケーションやアサーションは、多くの対人関係の場面や複雑な人間関係があるときに発達せざるをえません。現代人は、一見複雑で多様な生活状況に置かれているようですが、自己表現の場を避けようと思えばいくらでも避けられるほどの便利さ（？）も保証されています。

最近のアサーション・トレーニングのテーマとして、「長電話が切れない」「人と異なった意見や感じを言えない」「援助や依頼を断れない」「押し売りを断れない」などといったものが出てきます。おそらく多くの人が、このような場面に慣れていないということでしょう。

現代はこのような状況であり、そのなかでまさに表現法の基本を学ぶことが必要なのです。

どのように言葉に出して表現するか

言い方は･･･

自分の欲求を満たす
必要に迫られて学ぶ

コミュニケーションや**アサーション**は･･･

多くの対人関係の場面や複雑な人間関係があるとき発達する

現代人は、自己表現の場を**避けようと思えばいくらでも避けられる**ため･･･

- ◆「長電話が切れない」
- ◆「人と異なった意見や感じを言えない」
- ◆「権威者や自分に影響力をもつ人と自然に会話ができない」
- ◆「援助や依頼を断れない」
- ◆「押し売りを断れない」

最近のアサーション・トレーニングのテーマ

★このような場面に**慣れていない**

現代人は、

表現法の基本を学ぶことが必要

ポイント

自分の思いを伝達するために、適切な言葉や言い方を学ぶ機会をつくる。

3 自分をオープンにしてみよう

●自分を知らせないで人と仲よくなったりすることはない

コミュニケーションは、自分を誰かにわかってもらいたいという動機から生まれる行動です。つまり、私たちが何かを言おうとするときは、自分の考えや感じを他者に伝えたいのです。

しかし、その気持ちとは裏腹に黙ったり、違うことを言ったりしているという現状があります。つまり、自分をオープンにしないのです。

自分を知ってもらわなければならない

その理由は、オープンにした結果、誤解や無視、攻撃などに出合って、傷つき臆病になっていることが多いのでしょう。

にもかかわらず、人と話をしたり、一緒に何かをしようとすることは、自分を知らせることであり、それなしには事は進まないのです。

たとえば、自分のことは知られたくないと思って、黙っていたとしましょう。確かに自分から積極的に何かを伝えようとはしていませんが、黙っていること自体で、「話したくない」とか「知られたくない」などということを伝えている可能性があるのです。そんなときは「知られたくない」と言ったほうが誤解はされないでしょう。

少しずつ人に近づく

コミュニケーションは、伝えていないことも含めて、コミュニケーションです。人間関係には、自分を知ってもらうことはつきものであって、自分を知らせない話し合いはなく、自分を知らせないで仲よくなったりすることはないということを承知しておくことが必要です。

だから人はややぎこちなく、恐る恐る、少しずつ人に近づいていくのです。

自分を開く

自分を誰かにわかってもらいたいという動機から生まれる行動

コミュニケーション
[Communication]
自分の考えや感じを
他者に伝えたい
●気持ちとは裏腹な現状
自分を
オープンにしない
違うことを
言ったり
伝えたいことの
逆を言ったり
黙ったり
…
たとえば
黙っていること自体で、
「話したくない」とか
「知られたくない」などを
伝えている可能性がある
「知られたくない」と言うほうが
誤解はされない
◆オープンにした結果、
誤解や無視、攻撃などで
傷ついたことがあるなど
伝えていないことも含めて、コミュニケーション

ポイント
自分を知らせないで
人と仲よくなったりすることはない。

4

「おまけ」の情報を提供しよう

●話のうまい人は、おまけをつけ加えるのが上手

私たちの会話をよく観察していると、当事者同士は一生懸命に話しているのに、関係がうまく流れない会話がときどきあります。

人間関係は一問一答ではない

先日電車の中で、私の隣にプロボクサーのようなたくましい黒人男性が座っていました。ある駅で男子高校生が二人乗ってきて、「オー、すげぇ」と言ってその男性の隣の空席に座りました。男性は日本語で話し始めましたが、残念ながら下の左図のような会話になってしまいました。

このような会話には「無料の情報」、あるいは「おまけの情報」が欠けています。

人間関係は数学や物理の一問一答ではないので、質問と答えが等価になる必要はありません。

話のうまい人は、自分を相手に知らせることに

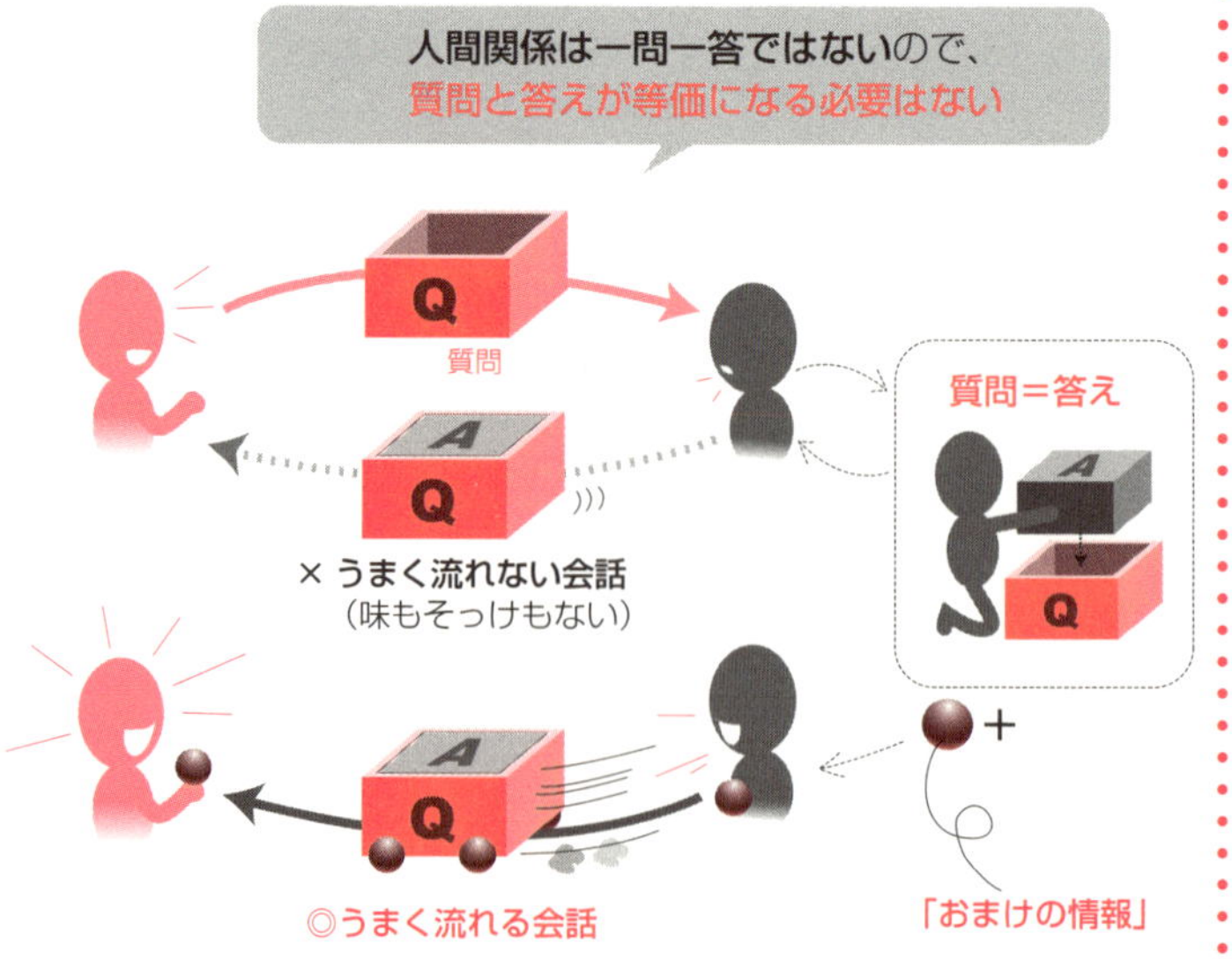
人間関係は一問一答ではないので、
質問と答えが等価になる必要はない
Q
質問
A
Q
× うまく流れない会話
(味もそっけもない)
質問=答え
A
Q
+
A
Q
◎うまく流れる会話
「おまけの情報」

躊躇がないのはもちろん、それに加えて無料でも情報を出し、おまけをつけ加えるのが上手です。

つまり、要求された答えをするだけでなく、質問に関連したことや自分の関心のあることをつけ加えて、相手と共有できる領域を広げます。

スムーズに進んでいる会話とは、この「おまけ」がほどよく加味されていて、その結果、双方が一つの役割に固定されず、自由に流れるものということができます。

情報を膨らませよう

おまけの情報が加味されないまま役割分担が決まってしまい、身動きできない会話になる理由は、なんらかの思い込みがあるからでしょう。

「余計なことは言ってはならない」とか、「差し出がましいのはよくない」とか、「目上の人に答えるときは、簡単に」などの思い込みです。

このような思い込みをなくし、情報を膨らませて、お互いにかかわりをもつ領域を広げる努力をしたいものです。

スムーズな会話のために

●黒人男性と男子高校生の会話

男子高校生、電車に乗ると・・・	「オー、すげぇ」
「きみたち高校生？」	「はい」
「どこの高校？」	「×× 高校」
「何年生？」	「3年」
「進学するの？」	「はい」
「じゃ、受験勉強大変でしょう」	「はい」
「どこまで行くの」	「×× 駅」
「何かスポーツする？」	「いいえ」・・・

ポイント 関係がうまく流れない会話には「無料の情報」「おまけの情報」が欠けている。

5

質問を使い分けてみよう

●質問には、「開かれた質問」と「閉じた質問」がある

会話のなかでは、多くの質問や問いかけが使われます。

とくに初対面のとき、人は質問をたくさんしながらお互いに近づいていきます。そして、おまけの情報をくれない人にも質問をうまく使うと会話が弾むこともあります。

「開かれた質問」と「閉じた質問」

質問には「開かれた質問」と「閉じた質問」があります。

「開かれた質問」とは、質問された相手が、「はい」「いいえ」だけでは答えがすまない質問のことをいいます。

「閉じた質問」は、「はい」と「いいえ」で答えがすんでしまうような質問、ほんの数語で返答ができる問いかけをいいます。

●「はい」とか「いいえ」だけでは答えがすまない質問

●話を広げ、新たな視点や考えを引き出すのに役立つ

「開かれた質問」

●答える人が話したいことを自由に話せる

●多くの情報が得られる

質問する側が思いもしなかった話が
出てくる可能性もある

たとえば、「仕事には満足していますか」と聞けば、「いいえ」で話は途切れるかもしれません。しかし、「仕事はどうですか」とか「最近の仕事のことを聞かせてください」と聞けば、仕事について相手の答えたいことが出てきます。

質問を使い分けよう

「開かれた質問」は、答える人が話したいことを選択する余地があり、質問する側が思いもしなかった話が出てくる可能性も含んでいるので、情報が多く得られ、話を広げ、新たな視点や考えを引き出すのに役立ちます。

一方、「閉じた質問」は、はっきり「はい」とか「いいえ」「いつ」「どこ」といった明確で端的な返事がほしいとき、ものごとの結果をはっきりさせたいときに有効です。

質問はその目的に応じて適切に使い分けることが大切です。

質問の仕方によっては、おまけの情報が引き出せるということでもあります。

２種類の質問の仕方

◆「はい」と「いいえ」で答えがすんでしまう質問

◆ものごとの結果をはっきりさせたいときに有効

「閉じた質問」

◆内気な人、律儀な人は悪気がなくても会話が途切れる

◆明確で端的な返事がほしいときに有効

ポイント　目的に応じて「開かれた質問」と「閉じた質問」を適切に使い分ける。

6 積極的に相手に耳を傾けよう

◉相手の話を聴くという行為は、受身的ではなく、積極的、能動的なこと

あるとき、人間関係がうまくいかないという学生が相談に来ました。人とうまく話ができず、独りぼっちになってしまうというのです。友だちがほしいのに、どうすればよいかわからないと。

話に関心がもてない

彼は「話したいことがないから困る」と言います。そんなときは、「よい聴き手」になることだというわけで、彼は下宿のとなりの部屋の学生にときどき話しかけてみるようになりました。

ところが、再び問題が出てきました。となりの部屋の学生はとてもよく話す人で、サークルで起こったことをおもしろおかしくしゃべります。彼ははじめは、とても喜んでいたのですが、だんだんと話を聞くのが嫌になったと言い出しました。その学生の話には関心がないというのです。

積極的、能動的に聴く

この話には二つの教訓がありそうです。

一つは、彼が自分が話せないことに気持ちがいきすぎて、「聴く」ことの効果を十分体験できなかったこと。相手に関心をもつなら、相手のことがよくわかってきて、自分も話したいことが出てくるかもしれません。しかし、じっくり耳を傾けそこなった彼は、話題に関心がないというだけで、相手への関心まで放棄してしまいました。

もう一つの教訓は、となりの部屋の学生が、たまには相手のことも聴こうと思ってくれたら、その彼はきっと救われたと思うのです。

相手の話を聴くという行為は、受身的ではなく、積極的、能動的なことです。「聴く」というアサーションがあることを覚えておきましょう。

積極的、能動的に聴く

●「聴く」というアサーション

相手の気持ちをきちんと聴くという行為は、
決して受身的なことではなく、積極的、能動的なこと

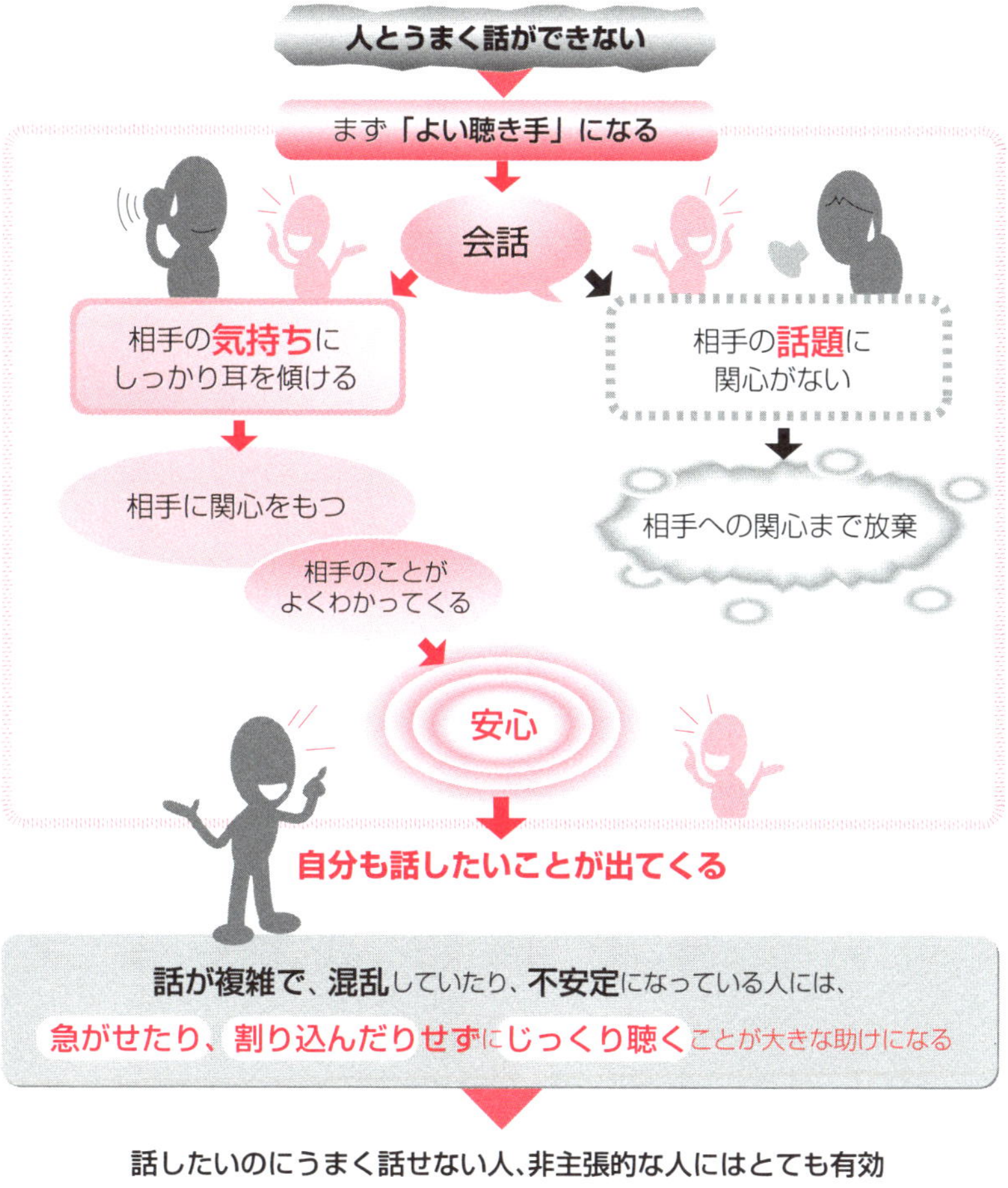
人とうまく話ができない
まず「よい聴き手」になる
会話
相手の気持ちにしっかり耳を傾ける
相手に関心をもつ
相手のことがよくわかってくる
安心
自分も話したいことが出てくる
相手の話題に関心がない
相手への関心まで放棄
話が複雑で、混乱していたり、不安定になっている人には、
急がせたり、割り込んだりせずにじっくり聴くことが大きな助けになる
話したいのにうまく話せない人、非主張的な人にはとても有効

ポイント 相手に関心をもてば、相手のことがよくわかり、自分も話したいことが出てくる。

7 パーティーで上手に会話する方法

●自分が話題をもっていることもアサーションの前提

日常会話やパーティーでの会話で、私たちが最も困る場面は、①どのようにして始めたらよいか、②どんなふうに続けて、場が白けないようにするか、③どのように終えればよいか、でしょう。

質問から始めてみよう

会話を始めるとき、会話に加わるときには、質問が適切です。質問は自分の関心のあること、訊きたいことが第一、次に相手が得意なこと、興味をもっていることです。

質問には、必ず答えが返ってくるという特徴があります。したがって、会話が続きやすく、初期の会話では安全でもあります。

社交的な会話を続けるコツは、話がリフレッシュされるよう気をつけることです。話は一つの方向に進むだけでなく、反対の方向にも、そこからさまざまな見方が出ることが大切です。

一つの話題にいつまでもこだわらないことも大切です。ある話が一段落したら、必ずちょっとしたポーズ（間）があるはずです。そんなときは、新たな話題をもち出すチャンスです。

関係をつなぐ言葉を添えて別れる

話題を変えるには、自分が話題をもっていることも大切です。常日頃から、何かに関心をもつことやニュースなどについて知識があることなどはアサーションの前提ともいえましょう。

会話を終えるときには、「今日は楽しかったので、また会いましょう」など、関係をつなぐ言葉を添えて、別れの言葉を言えばいいのです。さっと別れて余韻を残すことで、また会いたいという気持ちになったりするものです。

日常会話のコツ

1 会話の始め方・会話への加わり方

・挨拶をする
・自己紹介をする
・相手の名前を呼ぶ
・質問をする
・自分の意見を言う
・話をする

自分の気持ちや、その場のことを素直に表現することを心がける

その場にある飲み物や食べ物、人のもっているもの、身につけているものなどをつなぎに活用することも有効

2 会話の続け方

・話の内容を変える
・話題を変える

話がリフレッシュされるよう気をつける

1つの話題にいつまでもこだわらない

「話が変わりますよ」という合図の前置きをすると、相手にとってもスムーズに話題に入っていきやすい

3 会話の終え方

・「これで失礼」「先がありますので」などの合図で、いったん会話を切る
・ぶっきらぼうにならないよう、別れの言葉を言う
・関係をつないでおきたいときは、その気持ちを言語化する
・グズグズせず、さっと立ち去る

関係をつなぐ言葉を添えて、別れの言葉を言う

さっと別れて余韻を残すことで、また会いたいという気持ちになる

ポイント
自分の気持ちや、その場のことを素直に表現することを心がける。

8

議論の場で問題を解決するセリフ

◉表現に困ったときには、DESCをつくってみよう

会議の場、話し合いで何かを決めたり課題を達成したりする場におけるアサーションのことを「問題解決のためのアサーション」といいます。

DESC法でセリフをつくる

このような場合はきちんとステップを踏んで、セリフをつくることが必要です。バウアー夫妻とケリーの「DESC法」を紹介しましょう。

D＝描写する
E＝表現する、説明する、共感する
S＝特定の提案をする
C＝選択する

DESC法で、ある状況におけるセリフをつくってみましょう。

〈会議の席で、煙草を吸っている人が何人かいて、煙草を吸わない自分が、何か方策を出そうとして

S＝specify
：特定の提案をする

相手に望む行動、妥協案、解決策などの提案をする。具体的、現実的で、小さな行動の変容についての提案を明確にする。

C＝choose
：選択する

肯定的、否定的結果を考えたり、想像したりし、それに対してどういう行動をするか選択肢を示す。その選択肢は具体的、実行可能なもので、相手を脅かすものではないように注意する。

提案には賛成も反対もあることを覚悟し、
対応を準備することで気持ちにゆとりができ、
言動の幅が広がる

いる〉ケースです。

表現に困ったときにも使える

「会議が始まって一時間たったので、この部屋が煙草の煙でいっぱいですね（D）。

私は煙草を吸わないので、喉が痛くて、頭もボーとしてきました（E）。

煙草を吸わないと集中しにくい人もいると思いますが（E）、しばらく休んで空気を入れ替えませんか（S）。

そうすれば、皆が気持ちよく、会議を続けられると思います（肯定的結果に対するC）。

もし休憩をとるのが無理ならば、窓を開けて、しばらく煙草を止めていただけますか（提案を受け入れられなかった場合のC）」

このDESC法について、ケリーは、「アサーションはいわばDESCの習慣化されたもの」と言っています。表現に困ったとき、また複雑なことを決めたりするときには、DESCをつくってみましょう。

DESC法

D＝describe
：描写する

自分が対応しようとする状況や相手の行動を描写する。客観的、具体的、特定の事柄、言動であって、相手の動機、意図、態度などではない。

E＝express, explain, empathize
：表現する、説明する、共感する

状況や相手の行動に対する自分の主観的気持ちを表現したり、説明したり、相手の気持ちに共感したりする。特定の事柄、言動に対する自分の感情や気持ちを建設的に、明確に、あまり感情的にならずに述べる。

ポイント　**表現につまずいたり、困ったりしたときはDESCをつくってみよう。**

第7章

言葉以外の表現方法を学ぶ

1 視覚的な表現と聴覚的な表現

●態度や動作、言語を超えた表現などを身につけよう

言葉による表現法がわかり、アサーティブな考え方やアサーション権への確信がもてても、それに非言語レベルのアサーションがともなわないと、真のアサーションとはいえません。

目は口ほどにものを言い

言っていることとやっていることが一致しないと、それを見た相手は混乱したり、理解に苦しんだり、信用できない気持ちになったりします。

つまり、アサーションは、言葉による表現と言葉以外の表現が一緒になって、有効な自己表現になるというわけです。いや、「目は口ほどにものを言い」という諺にあるように、非言語的表現は、ときに言語よりはるかに強力なコミュニケーションの手段になるのです。

非言語上のアサーションとは、態度や動作、言語を超えた表現などをいいます。

見かけにも注意を払う

非言語的アサーションは、大きく分けると、視覚的なものと、聴覚的なものがあります。

視覚的なものとしては、視線、表情、姿勢、動作、人と人との距離、身体的接触の仕方、服装などがあります。

聴覚的なものには、声の大きさ、話し方の流暢さ、速度、調子、明確さ、余分な音の有無、反応のタイミングなどがあげられます。

そして、言語でも表現しないわけではないのですが、情緒的表現スタイルには、非言語的な要素が大きくかかわっています。自己の非言語的な表現の領域を検討するために、次項以下にその要素について説明しておきたいと思います。

態度や動作、言語を超えた表現

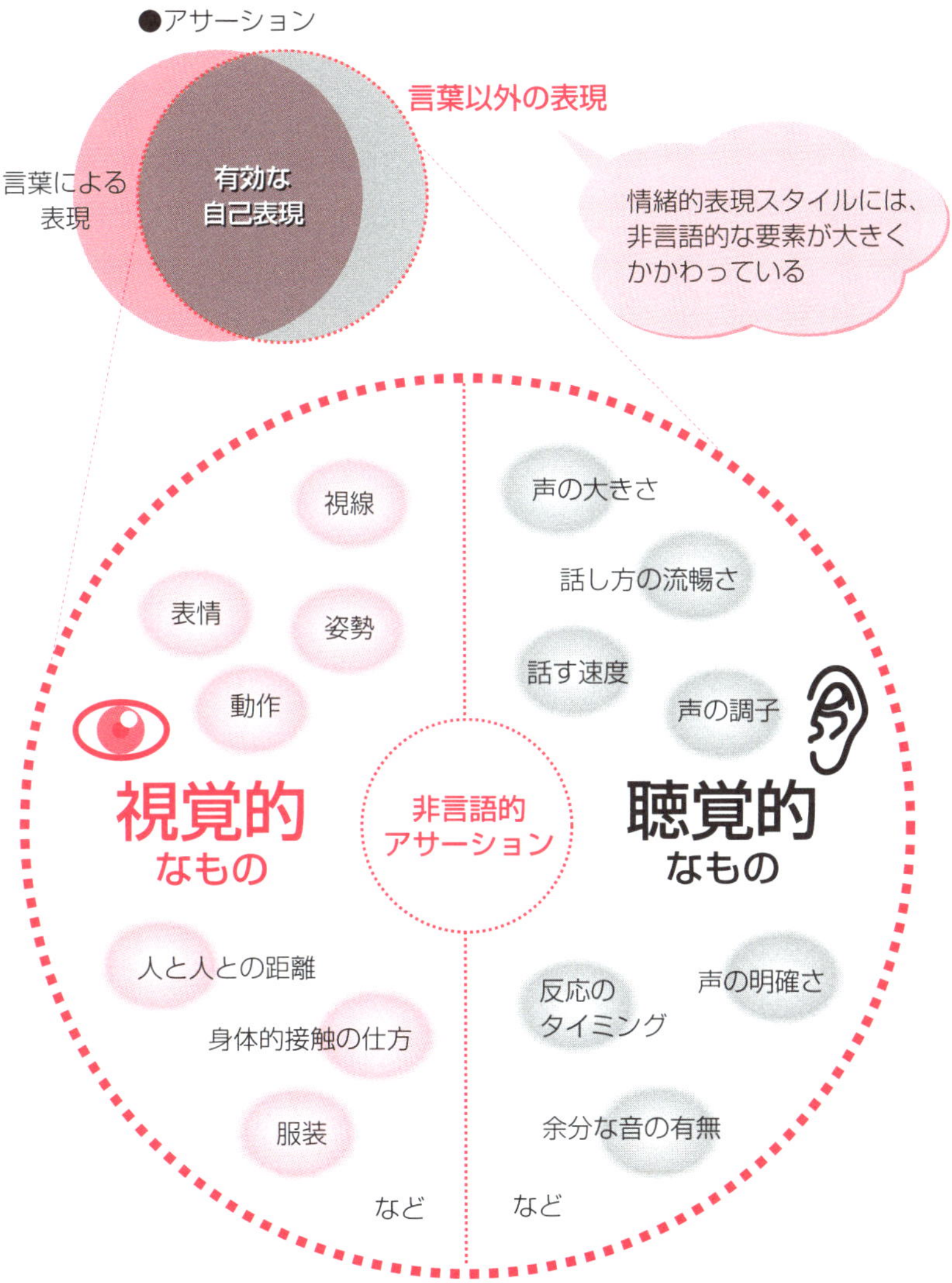
●アサーション
言葉による表現
有効な自己表現
言葉以外の表現
情緒的表現スタイルには、非言語的な要素が大きくかかわっている
視線
表情
姿勢
動作
視覚的なもの
人と人との距離
身体的接触の仕方
服装
など
非言語的アサーション
声の大きさ
話し方の流暢さ
話す速度
声の調子
聴覚的なもの
反応のタイミング
声の明確さ
余分な音の有無
など

ポイント　非言語的アサーションには、「視覚的なもの」と「聴覚的なもの」がある。

2 視線や表情、態度で伝える

●気持ちが沈んでいるときは、着るものに気を配ってみる

視線は、アサーションの重要な要素です。

非主張的、受身的な人は、人と視線を合わせることを躊躇します。

相手の目をジーッと見つめ続けることは攻撃的にさえなりかねませんが、ときたま相手の目を見たり、話している口元に視線を移したりして、相手を目で確認しながら話すことは、相手との関係を心地よいものにしようとする意思を表現します。

鏡で表情をチェックしてみる

表情も多くを伝えます。鏡を見て、自分の怒り、悲しみ、喜び、怖れなどの表情をチェックしてみることも役に立つでしょう。

姿勢も重要なアサーションの役目をします。立つときは、両足をしっかり地に着けて、胸を張っ

姿勢

●両足をしっかり地に着けて、胸を張る
●人との間の心地よい距離をつかむ

服装

●気分が晴れないときなど、逆にシャキッと着るものを決めると、気分も変わる

●洋服の種類やスタイルにより、相手に与える印象は違う
＊面接試験のスーツなど

手や腕の動作

●手や腕を自由に動かして話をすると、自信があり、自由な印象

◆手を胸や口元に当てていると、非主張的なイメージ

●具体的なものを宙に描く
●感情を表現する動作
＊腹を立てたときの拳骨
＊思いやりで肩に掛ける手

ていましょう。

また、人にどれだけ近づけるか、人との間に心地よい距離を置くとすればどれくらいか、なども知っておくとよいでしょう。アサーションは、あなたが人に近づく動作で表現されます。

服装も自己表現の一つ

手や腕の動作にも注意してみましょう。

手を胸や口元に当てていると、非主張的なイメージを与えます。

逆に、手や腕を自由に動かして話をすると、自信があり、自由な感じをもたらします。

服装も自己表現の一つです。洋服の種類やスタイルによって、相手に与える印象は違います。

アサーティブに着こなすことを考えましょう。たとえば、気持ちが沈んでいるとき、気分が晴れないとき、着るものについて気を配ることをしなくなりませんか。

シャキッと着るものを決めると、気分も変わったりします。

視覚的な要素

表情

●鏡を見て、自分の喜怒哀楽の表情をチェックしてみる

◆笑顔や微笑みを絶やさないことはよいことだという思い込み

→腹が立つ、同意できないときも笑顔

混乱を招くだけでなく、攻撃的な感じにさえなりかねない

視線

●ときたま相手の目を見る

●話している口元に視線を移す

→相手を目で確認しながら話す

相手に関心をもち、相手との関係を心地よいものにしようとする意思を表現

◆目を反らせて横目で見る

◆相手の目をジーッと見つめ続ける

攻撃的にさえなりかねない

ポイント 視線、表情、姿勢、動作、人と人との距離、身体的接触の仕方、服装などを意識する。

3 声の大きさや話す早さを調節する

●声は、アサーションに最も大きなかかわりをもっている

アサーションに最も大きなかかわりをもっているのが声でしょう。

自分の声をテープレコーダーで聞いて、次のような観点から自分の声を検討してみるとよいでしょう。

小さい声になっていないか

あるアナウンサーに聞いたことですが、声が自然に出ることはとてもむずかしいことで、その人は、訓練しているうちに、だんだん低い声になっていったそうですが、それがその人の自然な声だと言われたそうです。

非主張的な人は、小さな、高い声で話す傾向があります。

声の大きさ、話すスピードはもちろんのこと、話し方全体もアサーションには大きな影響があります。

むずかしく、華麗な言い回しをする必要はありませんが、簡潔で、率直、自発的な表現は重要です。

変な前置きをしない

また、「あのー」「そのー」「えーと」などの余分な音が多すぎたり、変な前置きをするとアサーティブに聞こえなくなります。

「私が間違っているかもしれませんが……」とか、「気にしないでほしいのですが……」「たいしたことではないのですが……」などの前置きをすると、「どうぞ無視して結構ですよ」と暗に言っているようなものです。

ハキハキ言うことだけがアサーションではありません。

聴覚的な要素

●アサーションに最も大きなかかわりをもっているのは

◆アサーティブに聞こえなくなる例

余分な音　「あのー」「そのー」「えーと」
……多用しすぎない

変な前置き　「私が間違っているかもしれませんが……」
「気にしないでほしいのですが……」
「たいしたことではないのですが……」
……「どうぞ無視して結構ですよ」と暗に言っているようなもの

ポイント　余分な音が多すぎたり、変な前置きをするとアサーティブに聞こえなくなる。

4 文化的な違いを認め合おう

◉非言語的な表現法は、国、地域、さらには組織風土、家庭などで異なる

非言語上のアサーションを考えるうえで、もう一つ重要な視点は、文化の違いです。非言語的表現は、文化によって意味が異なります。

文化の違いを受け入れる

たとえば挨拶です。初対面時の握手も、かつて日本人にとっては抵抗のあるものでした。日本人の間では、初対面の人への挨拶は少なくとも一メートルほどの間隔をとっておじぎをするのが普通で、手を握るといった肌をふれ合うことはよほど親しい間柄にならないとしないことでした。

さらに、同じ握手でも、アメリカ人は力強く握るのが親しみの表現と考えていますが、日本人はどちらかというと柔らかく握ります。

文化の違いを認識していないと、ギュッと握られて「攻撃的」と感じる日本人もいるでしょうし、ふんわり握られて「この人は自分に関心がない」と誤解するアメリカ人もいるでしょう。

このように、非言語的な表現法は、国、地域、さらには組織風土、家庭などで異なります。

敵意と誤解しないこと

私たちは、馴染みのないものに対しては警戒心や不安をもちやすいものです。

個人の違いも、つきつめれば文化の違いと考えられますから、それを敵意や攻撃的態度と誤解しないことです。そして、そんなときは、率直に、アサーティブな態度で、相互理解を進めようとすることです。

文化間交流や国際化は、個人の違いを受け入れ、自分も他人も大切にしようとするアサーションの精神の延長線上にあるといえるでしょう。

文化の違いを理解する

例 初対面時の握手

◆文化の違いを認識していないことによる誤解

オー、ふんわりヨ！
「この人は私に
関心がない
のですか？」
Why？
ギュッ!?
「こっ攻撃的
だなぁ・・・」
アメリカ人は
力強く握るのが
親しみの表現
文化の違い
日本人は
どちらかというと
柔らかく握る

●文化の違いを認識する

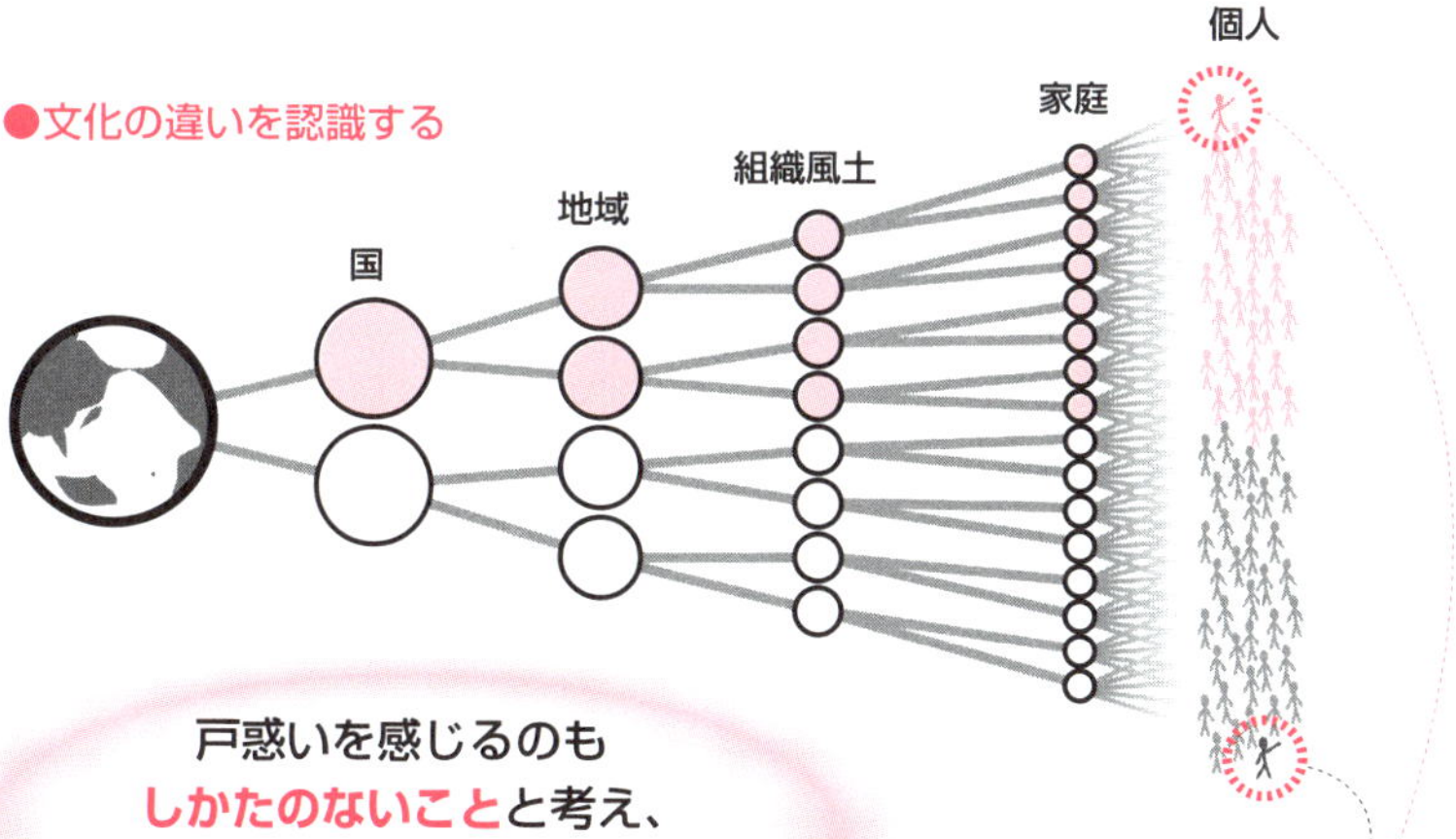
個人
家庭
組織風土
地域
国

戸惑いを感じるのも
しかたのないことと考え、
それを**敵意や攻撃的態度と**
誤解しない

個人の違いも、つきつめれば
文化の違いと考えられる

ポイント 率直に、アサーティブな態度で、
相互理解を進める。

第8章

自分の感情を上手に表現する

1

喜怒哀楽をうまく伝える

●感情は自分のもの、だから自分の責任で表現していい

感情表現を考えるうえで重要な前提は、人間は感情をもっている動物であり、しかも非常に多様で、複雑な感情をもつことができるということです。ということは、人間はさまざまな感情をもってよいし、それらを表現してもよく、表現してはならない感情はないということです。

感情は自分のもの

しかし、私たちは、日頃そのように考えて生活していないようです。表現してもよい感情、してはならない感情を区別し、さらに、表現してもよい人、してはいけない人を決めているようです。

大切なことは、自分の感情をどう表現するか、相手に脅威や不愉快な思いを与えないで伝えられるか、そして、どのようにして相手の感情もきちんと受けとるようにするかです。

感情を表現しようとするとき、心得ておくと助けになる事実は、「感情は自分のもの」であり、自分の責任で表現できるものだということです。

感情は自分でコントロールできる

たとえば、誰かが大きな音を立ててギターを弾いていたとしましょう。それを聞いて、「うるさい！」と不愉快になる人もいれば、「すごい！」と聴き入る人もいるのです。

つまり、あることに対する感情は、自分が起こしているのであって、ギターを弾いている人が起こしているのではありません。

そして、自分が起こしている感情であれば、必要に応じて自分でコントロールすることもできるわけです。感情は自分のもの、だから自分の責任で表現してよく、またできるということです。

自分の責任で表現する

感情表現の重要な前提

●人間は非常に多様で、複雑な感情をもっている
●表現してはならない感情はない

◆しかし、日常生活では・・・

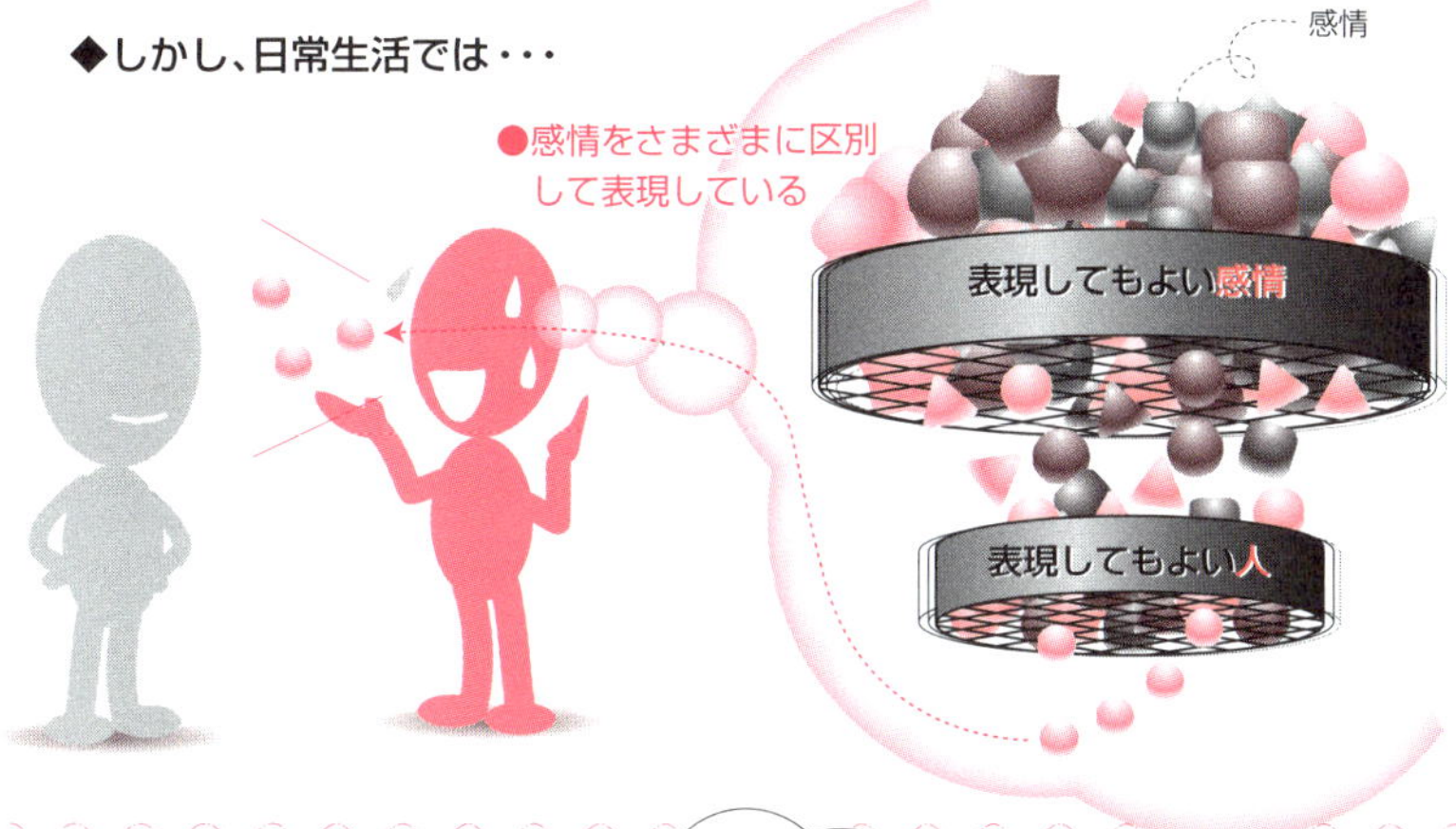
感情
●感情をさまざまに区別
して表現している
表現してもよい感情
表現してもよい人

大切なことは、必要以上に相手に**脅威**や**不愉快な思い**を与えないで、自分のさまざまな感情を**どのように表現し、**相手の感情をいかに**きちんと受けとる**か

▼

自分が起こしている感情であれば、必要に応じて**自分でコントロール**することもできる

ポイント

「感情は自分のもの」であり、
自分の責任で表現できるもの。

2 言葉と行動を一致させる

●言語と非言語が一致して表現されるとメッセージが強化される

感情表現の第二のポイントは、言っていることとやっていることを不一致にしないということ。

相手を身動きできなくしてしまう表現

言っていること（言語表現）とそれにともなう非言語表現とが不一致な表現を「二重拘束的な表現」といいます。

二つの矛盾したメッセージで相手を身動きできなくするという意味です。

刺のある優しい言葉、ふくれ面をしながら「いいですよ」と言うなどがその例です。非主張的な人の表現は、二重拘束的になりがちです。

また、攻撃的な人の発するメッセージには、表現全体として矛盾している場合があります。たとえば、「自由にしなさい」といったメッセージです。言っていることの内容は「自由を許し」ているよ

会話では言葉を言葉として受けとるだけではなく、言葉にともなう相手の**態度**や**雰囲気**、**ニュアンス**を推察しようとする

※① 相手の非言語的な表現の推察には、こちらの期待が混ざりやすい（「優しく歓迎してもらいたい」など）

※② その推察は必ずしも当たらない

※③ それで腹を立てたりすることは、自分の甘え以外のなにものでもない

※④ **非言語的表現の理解には、よけいなニュアンスをつけ加えないで受けとるための、アサーティブで冷静な態度も必要**

うです。しかし、その言い方は命令的です。

このようなメッセージに対しては、命令した人の枠を越えて自由になることはできないことになってしまいます。

感情を上手に表現する方法

これとは逆の状況で、非主張的な人と攻撃的な人が陥りやすい落とし穴があります。下段の例は私のアメリカでの体験で、文化の違いによる影響のほうが大きいと思われる誤解ですが、よくある状況を説明しています。

感情表現は、言語的表現と非言語的表現とが補い合ってより伝達されやすくなります。双方が矛盾するとメッセージは伝わりにくくなり、効果は半減します。

逆に、二つが一致して表現されるとメッセージを強化する助けになります。そのような表現を探るために、次に、具体的な感情表現について考えてみましょう。

文化の違いによる誤解　アメリカでの体験

○○先生は
いらっしゃい
ますか？
カツ
カツ
カツ
※①
……
いません
あら？
カツ
カツ
カツ
※②
1時に約束
なのですが、ここで
待ってもいい
ですか
カツ
カツ
カツ
※③
もちろん、
もうすぐ帰って
くるので、どうぞ
お掛けください
あら？
※④

ポイント　**自分に素直ではない表現は、相手を困らせたり、混乱させ、自分も戸惑う可能性が高い。**

3 怒りの感情には段階がある

●怒りには、「マイルドな怒り」「中程度の怒り」「最も強度の怒り」がある

私たちのもつ代表的な感情のなかで、最も取り扱いがむずかしいのは怒りの感情でしょう。

怒りはいつも激しいわけではない

怒りは、他の感情と同じように人間がまわりの何ものかについて、自ら起こす感情であり、避けようとしたり、抑えようとすればなくなるというものではありません。怒りも当たり前の感情であること、怒りを表現することは大切なことをよく知って、適切に表現することが大切です。

怒りの程度は三つに分けられます。

マイルドな怒り……「好きでない」「同意できない」「いやだ」という気持ち。

中程度の怒り……「腹立たしい」「イライラする」「反対だ」「煩わしい」と言いたい気持ち。

最も強度の怒り……「頭にくる」「カッカする」「ぶん殴ってやりたい」などの激怒の気持ち。

つまり、怒りの気持ちは、常に激しいわけではないのです。人には好き嫌いがあり、同意できることと、同意できないことがあるので、それにともなって「嫌い」とか「違う」と感じるのです。

マイルドなときに表現する

嫌いなことが重なると「やめてほしい」という気持ちになり、やめてくれないと苛立ちを感じるでしょう。それでも、いやなことが続くと「やめろ！」と怒鳴りたくなるのです。

したがって、できれば怒りの程度がマイルドなときに表現すれば、それほど抑えようとする必要もないわけです。せめて中程度のときに「やめてほしい」ことをはっきり伝えれば、怒りがたまったりするのを防ぎやすくなります。

怒りの段階

マイルドな怒り

「好きでない」

「同意できない」

「いやだ」……

中程度の怒り

「腹立たしい」

「イライラする」

「反対だ」

「煩わしい」……

最も強度の怒り

「頭にくる」

「怒鳴る」

「カッカする」

「うるさい」

「ぶん殴ってやりたい」……

ポイント 怒りは、マイルド程度のときに表現しよう。

4 どんなときに怒りを感じるか

◉周囲のせいで怒らされたと思いがちだが、じつは自分が自分を怒らせている

怒りは、外界の出来事や周囲の人の言動をきっかけに起こります。そのため、周囲のせいで怒らされたと思いがちですが、じつは、自分が自分を怒らせているのです。

もたないですますことはできない

怒りの感情は不快なので、きっかけとなったものや人に責任を転嫁したくなって、「あなたの話を聞いているとイライラさせられる」とか「私を怒らせないで！」と言うのかもしれません。

怒りは、人間の当然の感情です。不快だからもちたくないと思っても、もたないですますことはできません。

怒りの表れるしくみは左ページのとおりです。

怒りの気持ちは、攻撃的に発散されることが多いので、それを抑えようとしたり、逆に自分に向けて罪悪感をもったりしますが、罪悪感はときに自己嫌悪やうつ状態をもたらします。自然に感じる怒りは、表現しないと、欲求不満をつのらせた挙句、攻撃に転じることになるのです。

怒りを日常的に処理する

怒りは他の方法で処理される場合もあります。怒りを感じたとき、ほかのものや他の人に怒りを向けるやり方です。相手はたまったものではありませんが、本人は怒りを多少発散できます。

しかし、これでは問題解決にはなりません。かえってほかの問題を引き起こす元にもなります。怒りが怒りを生み、拡大した怒りは敵意や暴力をつくり出すことにもなりかねません。怒りを日常的に処理し、怒りを感じるようなことが起こったときは、うまく取り扱うことが大切です。

怒りが起こるメカニズム

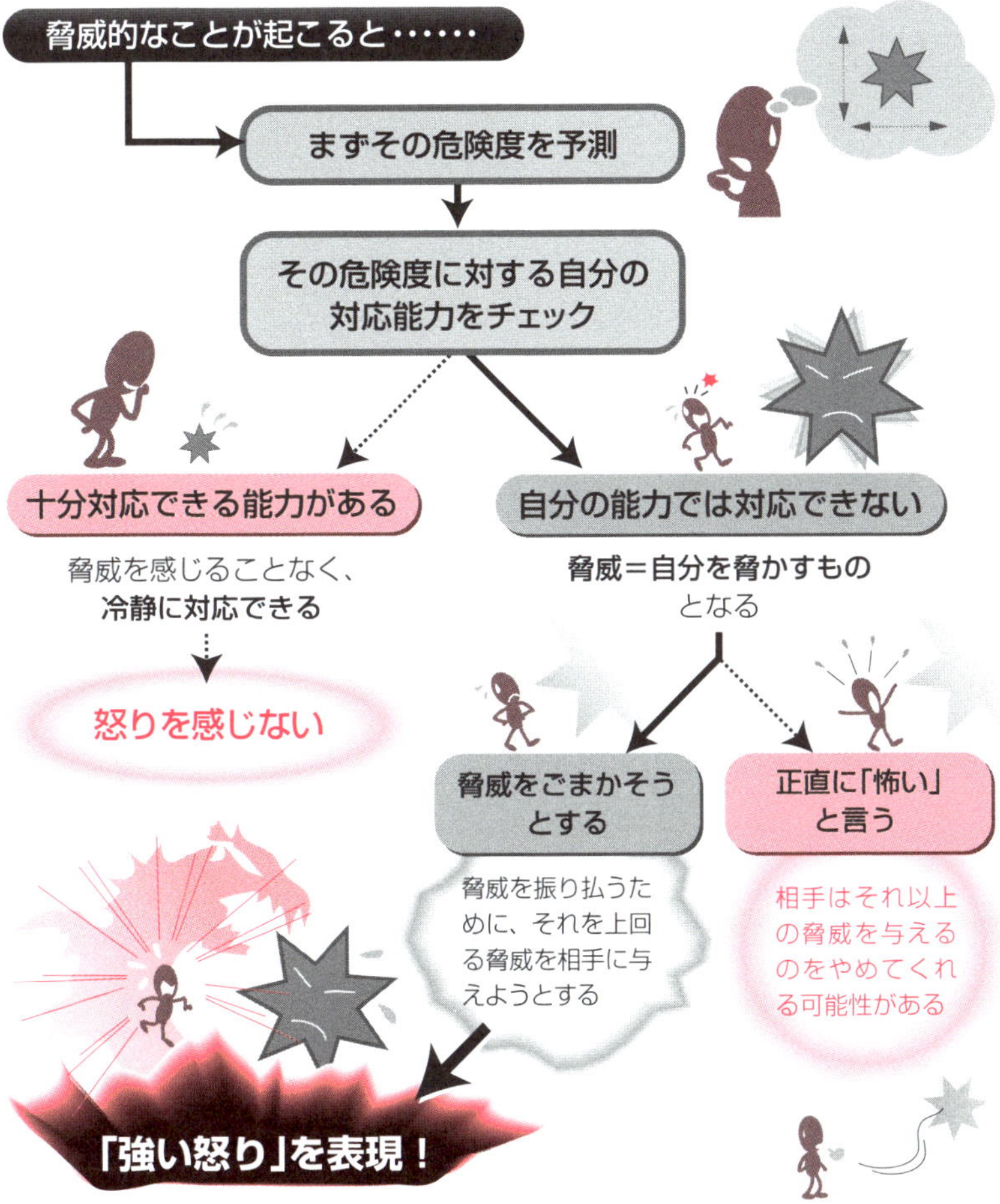
脅威的なことが起こると……
まずその危険度を予測
その危険度に対する自分の対応能力をチェック
十分対応できる能力がある
脅威を感じることなく、冷静に対応できる
怒りを感じない
自分の能力では対応できない
脅威＝自分を脅かすもの となる
脅威をごまかそうとする
脅威を振り払うために、それを上回る脅威を相手に与えようとする
「強い怒り」を表現！
正直に「怖い」と言う
相手はそれ以上の脅威を与えるのをやめてくれる可能性がある

つまり攻撃的な怒りの表現とは……

自分の無力を認めず、相手に脅威を与え返すことで、その場をしのごう、優位を保とうとする行為

ポイント 危険に対して十分対応できると思えれば、対応を考えて、試みることができる。

5 自分の怒りをどのように処理するか

●相手の言動に脅威を感じた場合は、その正体をはっきりさせる

怒りを処理するうえで、まず大切なことは、怒りの程度をつかむことです。

怒りは小出しにする

先にも述べたように、怒りは穏やかなものも、激しいものもあるので、それを把握し、できれば穏やかな程度のときに表現しておくこと（つまり、小出しにすること）が大切です。

もし、強い怒りになっている場合は、相手に脅威を与えないように、しかし、はっきり「何がいやか」「どうしてほしいか」を伝えることです。

次に、もし相手の言動に脅威を感じた場合は、その正体をはっきりさせることが大切です。脅威を感じていることは、自分の対応能力がないことですが、それをわかっているのか、どれほど危険度が高いのか、と考えてみることです。

実際に、脅威の内容を検討してみると、危険なことはほとんどなく、脅威のもとは、経験、価値観、意見、行動様式などが違うだけという場合が普通です。

「怖い」と感じたら「怖い」と言う

違いが脅威になっているとすれば、それは同じでありたい気持ちが強すぎるか、同じでなければならないという思い込みのせいでしょう。

したがって、それに怒りで対応するのではなく、脅威を感じていることをそのまま正直に言語化しましょう。

もし、本当に「怖い」と感じたならば、怒るのではなく「怖い」と言うことが大切です。そのほうが、怒って相手を撃退しようとするよりもはるかに相手は受け入れやすいでしょう。

怒りを処理する方法

まず、怒りの程度をつかむ

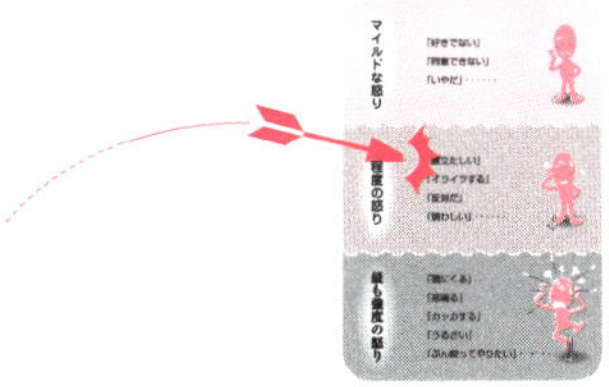

●できれば穏やかな程度のときに表現しておく（小出しにする）ことが大切

強い怒りになっている場合

相手に脅威を与えないように、
「何がいやか」「どうしてほしいか」をはっきり伝える

相手の言動に脅威を感じた場合

●その正体をはっきりさせることが大切

◆脅威を感じる＝自分の対応能力がないことをわかっているか？

◆どれほど危険度が高いのか？

脅威の内容を検討してみると……

・危険なことはほとんどない
・多くは経験、価値観、意見、行動様式などの違いから

◆違いが脅威になっているなら……
同じでありたい気持ちが強すぎる、または
同じでなければならないという思い込みが原因

怒りで対応するのではなく、
脅威を感じていることをそのまま正直に言語化する

ポイント

強い怒りは、相手に脅威を与えないように「どうしてほしいか」を伝える。

6 他人の怒りに対応する方法

●相手の気持ちを受け止めると同時に、自分の気持ちを相手に伝える

次に、自分に対して誰かの怒りが向けられたとき、どうすればよいかを考えましょう。

相手の怒りの気持ちを否定しない

大切なことは、自分の怒りの場合と同様、「怒りは相手のもの」であることを確認することです。相手の怒りを「自分のせい」だと受けとったり、仕返しに自分も怒ったりすれば、意味のない攻防を始めることになります。他者の怒りはまず伝染させないことが重要です。

次に大切なことは、相手の怒りの気持ちを否定しないこと。

「そんなに怒ることはない」とか「怒るのはよくない」といった対応で、相手の怒りを否定しようとせず、相手のものとして受けとめ、その理由を理解し、それに対応する意志のあることを示すこ

★相手の怒りの気持ちを否定しない

× 「そんなに怒ることはない」→
× 「怒るのはよくない」→
相手の怒りを否定していることになる

怒りは相手のものとして受け止め、その理由を理解し、それに対応する意志のあることを示す

脅威のぶつけ合いによる泥仕合は避けて、お互いの問題解決能力を発揮するきっかけをつくる

★解決できない場合は、第三者に仲介を頼むのも有効な方法

とが大切です。

自分の言動が脅威を与えている場合は、もし変えることができれば相手に協力すればよいし、変えることができなくても、詫《わ》びるなどの自分ができることをする権利があるのです。

脅威のぶつけ合いを避ける

相手の気持ちを受けとめると同時に、自分の気持ちを相手に伝えることも大切です。「怖い」「動揺している」「ちょっと待ってください」など、防衛的な気持ちを表現することが必要です。

つまり、脅威のぶつけ合いによる泥仕合は避けて、お互いの問題解決能力を発揮するきっかけをつくろうとすることです。

それでも解決できない場合は、第三者に仲介を頼むのも有効な方法です。

自分の怒りに対しては、怒りの感情に慣れ、怒りをためて爆発させないよう、日頃から心がけること、他者の怒りに対しては、受けとめ、自分の気持ちを相手に伝えることが大切です。

相手の怒りへの対処法

★「怒りは相手のもの」であることを確認する

✖ 相手の怒りを「自分のせい」だと受けとる → 意味のない攻防を始めることになる

✖ 仕返しに自分も怒る → 意味のない攻防を始めることになる

★他者の怒りはまず伝染させないことが重要

ポイント 仕返しに自分も怒ったりしないこと、相手の怒りの気持ちを否定しないこと。

〈著者略歴〉
平木　典子（ひらき・のりこ）
1959年津田塾大学英文学科卒業後、ミネソタ大学大学院に留学し、カウンセリング心理学を専攻（教育心理学修士）。帰国後、カウンセラーとして活躍する一方、後進の指導にあたる。日本におけるアサーション・トレーニングの第一人者。立教大学カウンセラー、日本女子大学教授、跡見学園女子大学教授、東京福祉大学大学院教授、統合的心理療法研究所（IPI）所長、日本アサーション協会代表を経て、日本アサーション協会相談役。臨床心理士。家族心理士。認定カウンセラー。
主著に、『三訂版 アサーション・トレーニング』（日本・精神技術研究所）、『アサーション入門』（講談社現代新書）、『言いにくいことが言えるようになる伝え方』（ディスカヴァー携書）、『新・カウンセリングの話』（朝日選書 999）、『家族の心理 第2版』（共著、サイエンス社）などがある。

装幀／渡邊民人
装画／中村久美
本文イラスト／齋藤稔
本文デザイン／富永三紗子・齋藤稔
編集協力／ことぶき社

図解
自分の気持ちをきちんと〈伝える〉技術
人間関係がラクになる自己カウンセリングのすすめ

2007年6月8日　第1版第1刷発行
2025年6月27日　第1版第46刷発行

著　者　平木典子
発行者　永田貴之
発行所　株式会社PHP研究所

東京本部　〒135-8137　江東区豊洲 5-6-52
ビジネス・教養出版部　☎03-3520-9615（編集）
普及部　☎03-3520-9630（販売）
京都本部　〒601-8411　京都市南区西九条北ノ内町 11

PHP INTERFACE　https://www.php.co.jp/

組　版　SOL design
印刷所
製本所　TOPPANクロレ株式会社

ISBN978-4-569-69155-8